자유의 영성

김화영 지음

na·da

무엇보다 그는 나는 것을 사랑했다

그대는 그대 자신이 될 수 있는 자유

그대의 진정한 자아가 될 수 있는

자유를 가지고 있다.

바로 지금 여기에서.

그 어떤 것도 그 길을 가로막을 수는 없다.

- 갈매기의 꿈 중에서

참으로 있는 것,

본래 그러했고

또 마땅히 그리되어야 할 바의 진리를 믿고

그 흐름에 전적으로 의지하는 것이

참 자유의 길이요,

몸에 익은 거짓 자아의 습관에서

벗어나는 길입니다.

참 비움 안에는 하늘이 담겨 있습니다.

짜임새

프롤로그

그대로 멈춰라

하비루의 굴레를 벗고   24
그 이상일 필요가 없다   32
오도스에 숨은 멈춤 장치   39
침묵에 달린 날개   44
거리를 지키라   48

자신을 알라

나는 나다 86
진정으로 원하는 것 93
나답게 정직하게 101
아킬레스건 다루기 105
동굴의 안내자 111

자유하라

괜찮아요 괜찮아 54
장님 코끼리 만지기 59
성자가 된 구두장이 65
다름으로 평화에 이르기 71
용서는 새 삶을 여는 문 78

바라보라

존재의 시선, 소유의 시선　118

꼭두각시 인형의 춤　122

울순이, 화순이, 허순이　129

멧돼지 길들이기　134

말씀이 내 안에　139

사랑하라

지금 여기, 충만하게　150

이방인의 뇌　157

담쟁이 넝쿨의 꿈　165

눈 먼 사랑의 삼중주를 멈추고　170

하나 됨을 위하여　176

자유와 사랑을 위한 수련

자유를 위한 수련　186

사랑을 위한 수련　191

프롤로그

그 무엇에도 매이지 않기

프리다 칼로 Frida Kahlo는 멕시코의 혁명적 미술가입니다. 혁명의 시대에 태어난 그녀의 아버지는 사진사, 어머니는 혁명가였다고 하지요. 프리다 칼로의 이름은 '평화'를 의미했지만 그녀의 현실은 평화와는 거리가 멀어 보였습니다. 6세에 이미 소아마비에 걸려 다리를 절었지만, 그래도 이 총명하고 씩씩한 소녀는 크게 자기의 운명에 휘둘리지 않은 듯 했습니다. 멕시코 국립예비학교에 우수한 성적으로 입학했으니까요. 그러다가 18세에 큰 사고를 당하게 됩니다. 그녀가 탄 버스가 기차와 충돌하는 대형사고가 벌어지게 된 것이지요. 그녀는 앉지도 걷지도 서지도 못하는 상태로 꼼짝 없이 침대에 누워 있게 됩니다. 그녀의 옆구리를 뚫고 들어간 강철봉은 척추와 골반을 관통해 허벅지로 빠져 나왔고 소아마비로 불편했던 오

른발은 더 심하게 짓이겨졌습니다. 살아있는 것만으로도 기적이었고 아무도 그녀가 다시 걸을 수 있다고 장담하지 못했습니다. 한 번 피어보지도 못한 어린 소녀, 평생 아무 것도 할 수 없이 누워서 지내는 석녀가 자신의 운명일지도 모른다고 생각할 때 얼마나 슬프고 외롭고 두려웠을까요? '나는 무슨 죄가 그렇게 컸던 것일까? 차라리 죽는 것이 낫다.' 그렇게 생각했을지도 모르지요.

딸의 고난을 마음 아파한 아버지가 거울과 그림도구들을 가져왔을 때, 프리다는 자신이 누구인지, 무엇을 하러 왔는지 탐구하기 시작했습니다. 그렇지요. 자신의 삶을 결정하는 것은 다른 사람이나 환경이 아니라 바로 자신이라는 것을 깨닫기 시작할 때, 삶의 연금술은 시작됩니다. 병실 천정 밑면에 거울을 달아놓고 칼로는 자기를 그리기 시작했습니다. 오직 두 손만 자유로웠던 칼로가 할 수 있는 일은 그림 그리는 일 뿐이었습니다. 그녀는 거울에 비친 자신을 관찰하고 또 관찰하며 스스로의 모습을 그려가기 시작했습니다. 보고 또 보고 …. 프리다의 자화상에는 잔인할 정도로 감각적인 관찰과 내면의 힘, 빛나는 관능성이 느껴집니다. 9개월의 투병 끝에 그녀는 병상에서 일어났지만, 손상된 척추와 자궁, 다리, 그 외에도 평생 30여 차례의 수술을 받는 등의 고통으로 점철된 삶을 살았습니다. 그러나 그녀는 삶이 자기를 피해자로 만들어 삼키도록 내버려 두지 않았습니다. 오늘날 멕시코의 국보로 지정된 그녀의 그림에는 인체,

뼈, 처절한 절규를 중심으로 한 그녀의 예술혼이 표현되어 있습니다. 이후, 그녀를 그린 책과 영화가 만들어졌고, 줄리 테이머에 의해 만들어진 영화 <프리다>는 제 59회 베니스 영화제 개막작으로 선정되기도 했습니다. 어떤 고통과 어려움도 자기를 변명하는 도구로 삼지 않았던 프리다는 이렇게 말합니다.

"나는 표현하러 왔다, 사랑하러 왔다, 혁명하러 왔다."

그래요. 삶에 고통과 멈춤의 시간이 찾아 올 때, 우리는 비로소 진정한 자신으로 깨어날 준비를 하게 됩니다. 사물을 올바르게 직관하고 미묘한 본질의 차이를 알아차리게 됩니다. 우리가 이름붙인 수많은 것들이 실은 갇힌 지각에 기초하고 있으며, 미세한 흐름, 운동, 떨림, 울림을 죽이고 평균화하고 계량화한다는 것을 말이지요. 그러니 우리가 살고 있는 세계에 균열이 가고 날갯죽지가 아파오면서 틈 사이로 하늘이 보이기 시작할 때 기뻐하세요. 비로소 둔한 지각, 남들이 만들어준 이론에 의해 재단되지 않은 존재의 빛 아래에 서게 될 테니까요. 비로소 자기 춤을 출 테니까요. 이제 우리는 자유롭게 해방되어 세계와 주체의 새로운 만남, 새로운 얼굴의 드러남을 경험하게 될 것입니다. 존재의 빛 아래 지금 여기 당당하게 서 있는 주체로 말이지요.

이제 우리는 모든 조건화된 삶의 매임에서 벗어나, 그간의 삶을 구성했던 모든 희로애락이 조건화된 꼭두각시의 춤이었음을 깨닫게 됩니다. 마셔도 마셔도 계속되는 갈증이요, 먹어도 먹어도 배고픈 허기였음을 알게 됩니다. 더 이상 현실과는 다른 나를 부여잡고 해야만 한다고 혹은 했었어야 했다고 자기를 요구하거나 억압하지 않아도 됩니다. 언제나 미흡하고 언제나 부족하고 언제나 결핍되고 …. 끊임없이 남과 환경을 탓하면서 내가 원하는 방향으로 가야 한다고 밀어붙이지 않아도 됩니다.

깨어나세요. 과감히 껍질을 깨고 나면, 현실은 이미 우리 안에 존재하고 있고 스스로 일어나고 있는 중입니다. 억지를 쓰는 꼭두각시 인형의 춤추기를 멈추고 깨어나면, 내 안의 어떤 불꽃이 나를 타오르게 하고 있음을 알 수 있습니다.

 멈추기, 나 자신을 이해하기
 자유롭게, 지금 여기를 존재의 빛으로 살아가기
 진정한 자신의 삶으로 흐르는 강물처럼 살아가기
 그리고
 자신의 선택에 책임을 지며 사랑하며 살아가기

 그래요, 우리는 사랑하기 위해, 자신의 삶을 표현하기 위해, 혁명하기 위해 여기에 있습니다.

이 책이 나오기까지 수고해 주신 공동체의 식구들, 박연숙, 이대봉, 장혜선, 김민성, 이용훈, 이지연, 신수현, 박혜원, 김계수, 김태은, 한형태 님께 감사를 드리며, 이 행복한 자유와 사랑의 삶으로 여러분을 초대합니다.

김 화 영

「그대로,
멈춰라,

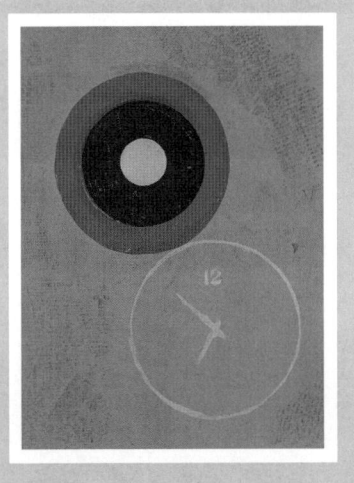

하비루의. 굴레를. 벗고.

그. 이상일. 필요가. 없다.

오도스에. 숨은. 멈춤. 장치.

침묵에. 달린. 날개.

거리를. 지키라.

하비루의 굴레를 벗고

몇 백 년을 노예 중의 노예라는 하비루의 신분으로 살아온 백성들이 있었습니다. 온 몸과 마음이 노예근성에 절을 대로 절어 평생 자기 자신이 누구인지, 자기가 하고 싶은 것이 무엇인지를 묻는 것조차 사치에 속하는 불행한 삶을 살아야 했던 사람들이었습니다. 어떻게 하면 매를 맞지 않고 눈치껏 살아갈 수 있을까? 어떻게 하면 이 치열한 생존경쟁에서 탈락하지 않을까? 어떻게 하면 애굽의 고기가마에서 떨어지는 부스러기로 가족들과 함께 굶지 않고 살 수 있을까? 외롭고 불안하고 두려운 삶이 매일 그들을 짓누르고 있었겠지요.

그러한 하비루들에게 대사건이 일어났습니다. 바로 스스로 있는 자, 여호와 하나님이 찾아오신 것이죠. "너희는 노예가 아니다. 저들의 꼭두각시가 아니다. 내가 택한 나의 백성이다! 떠나라! 내가 너희들을 젖과 꿀이 흐르는 축복의 땅으로 인도하겠다"라고 말씀하십니다. 그분은 이스라엘뿐 아니라 애굽의 오랜 고정관념을 깨뜨립니다. 우상이 된 삶의 패러다임을 하나하나 폭로합니다. "그들이 규정해 준 삶에 머물지 말라. 너는 내가 정해 준 땅, 네가 원래 있어야 할 자리에 서 있어라. 이것이 옳은 일이고 미래를 바꾸는 일이다. 내가 너희를 축복의 땅, 자유의 땅으로 인도하리라."

이스라엘 백성들에게 자유가 주어졌습니다. 이게 꿈인지 생시인지, 믿어도 되는지 의심쩍어하는 이스라엘 백성들에게 열 가지 기적 재앙으로 큰 권능을 보여주십니다. "진정한 자유는 진정한 초월자의 존재를 전제로 해야 가능하다." 한스 큉 Hans Küng의 말입니다. 이 말은 진정한 신은 진정한 자유를 만들어 주는 존재라는 말로 바꾸어도 될 것입니다. 노예로 살던 이스라엘 백성들은 참된 신이 주는 자유를 경험하게 되었습니다. 그것은 그 이전의 세계관을 정화하는 문턱 threshold이기도 했어요. 고대 사람들은 정복자의 신이 피정복자의 신보다 우월하다고 믿었습니다. 때문에 바로가 볼 때 히브리 노예들의 신은 보잘 것 없는 존재처럼 보였지만,

대결의 결과는 참혹했습니다. 성서는 이 재앙이 애굽의 모든 땅과 짐승과 사람들과 바로와 그의 부하들에게 내린 재앙이었지만, 다른 한편으로는 애굽의 모든 신들에게 내리는 벌이었다고 말합니다. 이것은 누구든 무엇인가를 믿고 있는데 그 배후에는 거짓 자아와 거짓 세계관, 거짓 신이 숨어 있다는 비밀을 드러냅니다. "내가 그 밤에 애굽 땅을 두루 다니며 사람과 짐승을 막론하고 애굽 나라 가운데 처음 난 것을 다 치고 애굽의 모든 신에게 벌을 내리리라." (출 12: 12)

드디어 애굽을 탈출한 하비루들은 얼마나 신이 났을까요? 이젠 자유라고, 북치고 장구치고 노래하고 춤추며 이제 그들을 가로막을 자가 없을 것이라고 한껏 들떠 있었을 것입니다.

그런데! 갑자기 홍해가 앞을 가로막고 있는 겁니다. 뒤를 돌아보니 애굽 왕 바로가 병거 육백 대와 정예부대를 이끌고 추격해 오고 있습니다. 앞은 홍해, 뒤는 이집트 대 제국의 군대! 앞도 뒤도 꽉 막힌 상황인 거죠. 이스라엘 백성들은 두려움이 가득해서 원망과 불평을 쏟아내기 시작합니다. 바로 얼마 전까지 체험했던 하나님의 능력, 기적, 자유는 다 어디로 가

버렸을까요? 과거에 노예 중의 노예로 살면서 강렬하게 경험했던 그 엄청난 압박과 고통의 기억과 상처를 기초로 한 두려움과 불안의 영이 한꺼번에 몰려오고 있는 겁니다.

자, 상황이 이쯤 되면 뭔가를 해야 하는 것 아닌가요? 노예시절 그 긴긴 압제의 세월동안 말 한마디 못하고 항거 한번 제대로 못해보고 살아왔는데, 이제 하나님의 기적을 맛본 백성이 되었으니 뭔가 호기 당당하게 행동해야 되는 게 아닐까요? 하다못해 삽자루라도 들고 애굽 군대와 싸우든지, 그게 아니라면 땅을 파서 바다라도 메우든지, 정 안되면 후일을 기약하면서 옆길로 살짝 도망이라도 가는 게 마땅하지 않느냐는 겁니다.

그러나 하나님의 생각은 다릅니다. "너희는 두려워 말고… 가만히 있을지어다." 가만히 있으라는 것입니다. 그 자리에서 멈추라는 겁니다. 당장 죽을 것 같아서 뭔가 대비책을 마련해야 할 것 같은데, 불안하고 두려워서 잠시도 가만히 있을 수 없을 것 같은데, 바로 그 상황에서, 생각을 멈추고 계산을 멈추고 감정도 멈추고 늘 습관처럼 움직이던 행동을 멈추라는 것입니다. 그래야 오랫동안 습관이 된 하비루의 굴레가 벗어지게 된다는 것입니다. 멈추고 가만히 있으라! 이 사이의 공간이 생겨야 합니다. 행동은 그 다음에 해야 합니다.

우리는 무엇이든 '내가' 주체가 되어 '하는 것'에 익숙해 있습니다. 평화도 우리 손으로 적극적으로 이루어야 하고 사랑도 적극적으로 쟁취해야 한다고 믿습니다. 남보다 한발이라도 앞서기 위해서는 시간 관리도 해야 하고 인간 관리도 해야 하고 조직 관리도 해야 하고…. 세상 속에서 기침이라도 하려면 바쁘게 움직여야 한다고 믿습니다. 그게 우리가 이 복잡한 세상에서 자유인으로서 살아가는 길인 것도 같습니다. 그런데 우리가 하나님을 만나게 되면, 그분이 우리에게 제일 먼저 훈련시키시는 일은 지금까지 습관적으로 해 왔던 것을 바꾸는 일입니다. 참으로 자유롭게 행동하려면 그 전에 오랫동안 종살이에 익숙해 있는 동안 몸에 익은 착각, 바로 거짓 자아가 움직이는 생각과 감정과 행위를 우선 멈추어야 한다는 것이지요.

논어에 이런 얘기가 나옵니다. 공자가 위衛나라 국경의 의義마을을 지날 때의 일입니다. 나름대로 꽤 통찰력이 있었던 그 나라 국경수비를 담

당한 하급관리가 공자를 만나고자 했습니다. 그가 공자를 만나고 나서 이런 말을 했습니다. "이제 하늘이 공자님을 목탁으로 삼으실 것입니다." 목탁이란 옛날 중국에서 새로운 법령을 널리 알릴 때 사용했던 도구입니다. 하늘이 이 세상에 진리를 전하기 위해 공자에게 소명을 주었다는 말로도 이해할 수 있겠지만 한편으로 공자 자신은 아무것도 하지 않게 된다는 뜻도 됩니다. 목탁은 스스로 자신을 두드릴 수는 없기 때문입니다.

여기서 '아무것도 하지 않는다', '가만히 있다' 라는 것은 무조건 아무 일도 안 한다는 뜻이 아닙니다. 노예로 살아남기 위해 했던 생각, 감정, 행동들을 하지 않는다는 뜻입니다. 자동으로 반사적으로 몸에 익은 하비루의 습관들을 멈춘다는 것입니다. '인위로 하지 아니함' 은 '스스로 그러하다' 라는 말과 함께 연결시켜 생각하면 그 의미가 분명해집니다. "나는 나다. 나는 스스로 존재하는 자다"라고 하시는 그분이 우리를 그릇으로 삼아 하신다는 것입니다. 이것이 바로 '무위無爲'의 자유, 하늘과 함께하는 사람의 자유입니다.

사람은 그 진리의 흐름을 전적으로 믿고 의탁하기만 하면 됩니다. 문제와 갈등은 인간이 자신이 만들어 놓은 기준에 따라 지배하고 억압하는 행위를 할 때, 반대로 그 지배에 눌려 조건화된 삶을 살아갈 때 일어납니다. 참으로 올바른 것, 본래 그러했고 또 마땅히 그리되어야 할 바의 진리를 믿고 그 진리에 전적으로 의탁하는 것이 진정 자기 자신을 버리고 자유롭게 살아가는 것이라는 생각을 하게 됩니다. 이것이 '가만히 있는 신앙'의 본질이요, 참 자유인으로 살아가는 길입니다.

중세의 독일 신비가인 하인리히 소이세 Heinrich Seuse는 모든 것을 놓아 둔 사람이 자유롭게 행동하는 법에 대해 다음과 같이 말합니다.

> 그는 아무것에도 집착하지 않는다. 그는 집착하지 않기 때문에 집중할 수 있는 사람이며, 자신이 옳다고 생각하는 일을 할 수 있다. 그는 집중하지만 집착하지 않는다. 그는 아무것도 원하지 않는다. 사람이 참으로 가난해지면 욕망에서 벗어나게 된다. 그가 몰입하는 것은 단순한 집중 상태와 머묾이다. 그는 아무것도 모르는 사람처럼 멈추어 서서 존재로부터 오는 가르침을 무한하게 받아들인다. 그는 가진 것이 없기 때문에 불평 없이 지금 현재와

온전히 하나가 되어 무엇이든 할 수 있다.

그런가 하면 마더 테레사 Mother Theresa는 자신을 '하나님의 몽당연필'이라고 했습니다. 연필은 자기가 막 의욕에 넘쳐서 뛰어나가서 글을 쓰지 않습니다. 주인이 쓸 맘이 없으면 어느 구석에 가만히 있다가 주인이 연필을 쥐고 쓰면 그대로 쓰일 뿐 거기에 무슨 자의식이 있지 않다는 것입니다. 쓰이고 돌아오고 하는 세월이 쌓이고 쌓여 마침내 한 자루의 작은 몽당연필이 될 수 있다면!

극적이고 요란한 활동을 위해 전전긍긍하거나
분투할 필요는 없습니다.
매사에 그분의 사랑을 넣어서 행동하는 것
받은 선물을 가만히 헤아려 보는 것이 훨씬 더 중요합니다.

— 마더 테레사

그 이상일 필요가 없다

참 자유는 참된 하나님에게 자신을 여는 것으로부터 시작됩니다. 인류 최초의 범죄는 하나님에게서 벗어나 스스로 삶을 영위할 수 있다는 교만에서 비롯되었습니다. 그 결과 사람은 하나님으로부터 도망하고, 피조물로서 존재하는 자신의 연약한 모습을 정직하게 직면하기 어렵게 되었습니다. 선악의 나무 열매를 따먹은 아담과 하와가 제일 먼저 한 일은 하나님 앞에서 자신을 가리는 것이었습니다. 우리는 죄 때문에 초라하고 보잘것없는 자기의 모습을 그럴듯하게 보이려고 하나님과 사람, 심지어 자신에게조차 숨깁니다. 허전하고 피곤하고 갈증나는 영혼의 모습을 숨기려고 허세를 부리고, 더 많은 것으로 채우려 하고, 명예와 부, 학벌, 인기, 권위 등으로 우리를 포장합니다. 그럴듯해 보이는 경건의 모습과 거룩해 보이는 옷으로 사람들에게 인정받고 싶어 합니다. 우리는 사회와 문화 속에 갇혀서 살아가기 때문에 사회적 관계와 사랑의 안전지대와 생존터를 확보하기 위한 다양한 심리기제를 가지고 있습니다. 우리의 경험, 태도, 습관, 상처, 심리적 방어기제, 선입견, 잘못된 자아상은 모두 인류가 가진 가리개, 거짓 자아상과 관계되어 있습니다. 원죄란 하나님처럼 되고 싶어 하고 그분 앞에서 부끄러움을 숨기고자 하는 인류의 근본적인 죄입니다.

 그분이 예비하신 축복의 자리로 가기 위해 우리에게 가장 먼저 요구되는 것은 생존과 안정을 위해 사용하던 거짓 자아의 가면을 벗고 자유로워지는 것입니다. 우리의 경건한 주장 안으로 도피하지 않고 내 속에 있는 욕구와 감정을 있는 그대로 그분 앞에서 바라보는 것입니다. 우리가 할 일은 그분을 인정하고 우리를 변화시킬 은총을 간절히 열망하는 것, 우리의 불쌍한 영혼의 상태를 그대로 인정하고 사랑이신 그분 앞에 서는 것입니다. 우리 안에 이미 계신 삼위일체 하나님, 치유자가 되시는 그분께 처참한 거짓 자아를 치료하고 우리 삶을 주관하시도록 자기를 온전히 내어드리는 것, 자기의 그림자와 직면하여 화해하는 것입니다. 그것이 '내가 스스로' 나를 변화시키고 완전하게 하고 창조할 수 있다는 환상에서 벗어나는 길입니다. 사회가 만들어 준 틀에 억지로 맞추어 사느라 전전긍긍하지 않아도 된다고 선언하는 것입니다. 버려진 공터와 같이 황량한 마음에, 공허와 어둠을 재료로 빛을 창조하신 분께서 주시는 단비 같은 은혜를 청하는 것입니다. 카오스의 재료를 가지고 우리를 가장 귀중한 작품으로 만드신 분을 믿는다면, 우리는 비로소 실수투성이며 보잘 것 없고 결점 많은 자신을 있는 그대로 받아들이고 용서 할 수 있게 될 것입니다. 있는 그대로를 받아주시는 그분 앞에 신뢰를 가지고 우리의 삶을 의탁하게 될 것입니다.

그러고 나면 비로소 우리는 자신의 삶에 생겨난 이상과 현실 사이의 틈새를 허용할 수 있을 것입니다. "나는 모두의 사랑을 받아야만 해." 어느 누구도 모두의 사랑을 받기는 어렵습니다. "그가 나를 떠나가면 안 돼." 안타깝지만 우리는 수많은 만남과 이별을 경험합니다. "너는 반드시 박사나 의사가 되어서 이 애비의 한을 풀어야 한다." 가까이 있는 이들이 기대를 충족시켜 주면 좋겠지만 현실과 기대 사이에는 언제나 차이가 있지요. "그 일은 반드시 성공해야 해." 살다 보면 성공하는 일보다는 실패하는 일이 더 많다는 것을 알게 됩니다. "목사라면 당연히 거룩해야지." 늘 거룩하면 좋겠지만 그들도 인간인지라 감정도 있고 실패도 있다는 것을 보게 됩니다. 우리는 그 메마른 틈새가 사람들의 요구와 인정과 그러한 상황을 통제하고 지배하려는 자신의 욕망에서 자유하지 못함으로 말미암아 생겨났다는 것을 깨닫게 됩니다. 이제 우리가 할 일은 자신과 이웃에 대해 과다한 욕구와 기대에서 벗어나 자신의 현실만큼 낮추고 자유로워지는 것입니다. 그리고 그 틈새의 여백을 하나님께 맡겨 드리는 것입니다.

과거와 미래 사이의 틈새도 허용하게 될 것입니다. 너무 많은 사람들이 과거의 상처와 현재의 행복 사이에서 방황하고 있습니다. 몸은 현재에 살고 있지만 마음은 과거의 시간에 매여 있습니다. 그들은 인과율에 매여서 불평과 좌절로 시간을 허비합니다. 어제가 이랬으니까 오늘도 이럴 수밖에 없다고 생각하며 팔자타령을 하면서 살아가고 있습니다. '나는 너무 늦었어.' '나는 학벌이 낮아서 학벌 중심의 한국 사회에서 아무 일도 못할 거야.' '나는 부모님이 돈이 없기 때문에 아르바이트를 해야 해서 공부를 못해.' '어차피 안 될 텐데 뭐.' '지금까지 너와는 한 번도 잘된 적이 없었어' 와 같은 부정적 메시지를 계속 주입합니다. 또한 너무 많은 사람들이 오지도 않은 미래의 계획과 기대에 매여 현실을 충실하게 살아가지 못합니다. 그들은 자기 삶이 자기가 계획한 것과 다르게 진행되는 것을 용납할 수가 없습니다. 그들은 자기 자신을 인정할 수 없기 때문에 자신에 대한 환멸과 싸우느라고 시간을 낭비합니다. 자신에 대한 특별한 환상을 가지고 그것과 일치하고 싶어 하고 좀 더 멋있게 보이기 위해 갖은 수단을 동원하기도 합니다.

그러나 자유하십시오. 지금, 여기, 있는 그대로의 나 자신과 일치하는 것, 과거를 받아들이고 미래를 계획하되 그에 묶이지 않는 것, 그것이 자유입니다.

부족하며 이기적인 나를 그대로 인정하는 것, 이리저리 나를 잡아당기는 갖가지 요구들과 열망 사이의 분쟁을 가라앉히고 이상과 현실 사이에 벌어진 틈새를 없애는 것이 자유입니다. 나의 과거 인생사와 성격, 그리고 나에게 짐스럽고 부담스러운 모든 약점을 받아주는 것이 자유입니다. 그것은 바로 나를 있는 그대로 받아주시고 사랑하시는 하나님을 신뢰하며 받아들이는 행위입니다. 우리가 자신에게 바라는 욕망과 요구에서 스스로 자유로울 수 있다면 우리는 비로소 있는 그대로의 자신을 용서하고 사랑하게 될 것입니다. 자신과 화해한 그 자유로써 신을 향한 투사를 거둬들이고 이웃 또한 있는 그대로 사랑할 수 있게 될 것입니다.

거짓 자아가 요구하는 갖가지 요구와 욕망에서 벗어나 공허한 분쟁을 가라앉히는 것, 자신을 고통스럽게 하는 십자가에 입맞춤하는 것, 나의 결점과 실수와 실패를 받아들이는 것, 변화시킬 수 없는 과거를 받아들이고 미래를 그분의 계획 아래 맡기고 신뢰하는 것. 그것이 바로 하나님과 나, 나와 세계를 일치시키는 십자가의 길입니다. 그것이 아무 것도 걸치지 않은 채 십자가에서 돌아가신 그리스도의 죽음이 우리에게 주는 자유입니다. 하나님께서는 바로 이 자유를 주시려고 우리를 부르셨습니다. "형제들아 너희가 자유를 위하여 부르심을 입었으나 그러나 그 자유로 육체의 기회를 삼지 말고 오직 사랑으로 서로 종노릇 하라." (갈 5: 13) 그리스도의 십자가가 이루어 낸 큰 자유 안에서 우주의 모든 만물은 서로 일치하고 사랑하고 있습니다.

네 발을 드러내라. 아무런 치장 없이 맨발로 서라. 하나님 앞에서 모든 가면을 벗어버려라. 어떤 권위도 재산도 신분이나 지위도 학력도 필요 없다. 너는 너 이상일 필요가 없다. 네 안에 타오르고 있는 열망, 느낌으로 충분하다. 어떤 다른 사람의 이름으로, 다른 사람의 부탁이나 어떤 권위로부터 받은 직위로 사람들 앞에 서는 것이 아니다. 그동안 끌어 모은 '자격증서', '학위증서', '경력증서' 등은 모두 버려라!

- 이성우, '당신은 누구요?'

오도스에 숨은 멈춤 장치

성경을 눈여겨 살펴보면 곳곳에 '멈춤' 장치가 설치되어 있습니다. 마가복음 8장 22절–10장 52절에는 두 장님과 간질에 걸린 아이를 치유하는 세 개의 기적사화가 그리스도의 수난과 부활을 예고하는 본문에 반복되어 나타납니다. 특히 처음 8장과 10장의 마무리는 둘 다 장님들의 눈을 뜨게 하는 치유 장면으로 이루어져 있지요. 벳새다에서 첫 번째 안수하신 예수님은 "보이느냐?" 하고 물으십니다. 그리고 희미하게 보인다는 그의 눈에 다시 안수하시며 '주목하여 보고', '밝히 보게' 하십니다. 이 기적은 9장과 10장을 거쳐 10장 끝 무렵에 소경 바디매오가 눈이 밝아져 제자의 길을 걷는 사이에 계속 등장하는 예수의 수난예고와 맥락을 같이 합니다.

세 번의 수난예고와 함께 전체적인 본문의 흐름을 주도하는 것은 총 일곱 번 나오는 '길' 또는 '길바닥' 이라는 의미를 가진 '오도스' 라는 말입니다. 마가는 그리스도의 수난과 이 길을 연결시켜서 우리의 일상에서 일어나는 다양한 이야기들을 '밝히 봄' 과 깨달음의 과정으로 보여주고 있습니다. 즉 하나님으로부터 우리에게 주어진 힘과 지혜와 영향력이 어느새 경쟁심, 이기심, 통제와 일등이 되고자 하는 욕망의 가속도 속에서 변질될 때, 멈추어 돌아서서 방향을 조절하는 것이 필요하다는 것입니다. 그 길은 우리에게 너무나 고통스럽지만 멈추라고, 다시금 그 자리로 돌아가라고 요구하고 있습니다. 그 자리야말로 하나님이 우리 삶의 주인이 되셔서 수난을 통해 부활로 이끌어 주시는 자리라고 말하는 것입니다.

이를테면 이런 겁니다. 예수님이 지나가듯 물으십니다. "사람들이 나를 누구라고 하더냐?" 제자들이 신이 나서 얘기합니다. "사람들이 선생님을 그 유명한 세례요한과 엘리야와 존경할만한 선지자들과 맞먹을 정도로 칭송합니다." 예수님이 다시 물으십니다. "사람들 말고 '너희들은' 나를 누구라고 하느냐? 다른 사람들 말고 '하나님은' 나를 어떻게 보실 것 같으냐?" 제자들은 사람들의 환호와 자부심에 취해서 성공가도를 달리

느라고 예수님의 경고를 똑바로 알아차리지 못합니다. 마치 빠르게 달리는 자동차 안에서는 바깥 풍경들이 스쳐 지나가며 정확하게 보이지 않는 것처럼 말이지요.

성경 곳곳에 남아있는 '질문하시는 하나님' 에 대한 흔적은 우리의 심기를 몹시 불편하게 합니다. 이제 모든 대답을 알았다고, 다된 것이나 다름없다고 안심하는 순간, 성경은 약속이나 한 듯 "그래? 그런데 네 눈이 잘 보이기는 하는 거냐?" 하고 되물으시는 겁니다. 눈 먼 제자들이 군중들의 환호에 흐뭇해할 때마다, 이젠 성공의 미래가 보장되었다고 서로 높은 자리를 차지하려고 경쟁할 때마다, 자신들은 모든 것을 다 버리고 그리스도를 좇았노라고 자기 의에 취해서 자부할 때마다 이 언짢은(?) 질문을 들이대는 것입니다. 이를테면, 성경은 경쟁과 성취와 환호의 가속도를 잔뜩 밟고 가는 고속도로 중간 중간에 그 신나는 흐름을 끊어놓는 빨간 신호등을 켜 놓는 것입니다. "멈추어라, 주목하고 밝히 보라." 이것이 마가가 우리에게 요구하는 주문인 셈입니다.

위기가 닥칠 때, 무언가 하지 않으면 안 될 것 같이 초조해 질 때, 잠시만 멈추어 서서 내 마음에 빨간 신호등을 켜 봅니다. 세상이 온통 바쁘게 돌아가는데 나만 홀로 뒤처져 있는 것 같을 때, 반대로 군중의 환호가 나를 귀먹게 하고 눈멀게 해서 이제는 뭔가 되어간다고 과열의 조짐이 느껴질 때, 멈춤, 멈춤…. 성령이 내게 오셔서 응답을 주시고 길을 내실 때까지 기다리면서….

자존심 한번 버리고
욕심 한번 버리고
칭찬도 비난도 판단도 다 버리면
피어나는 맑은 꽃

좋은 생각 좋은 말
사랑으로 섬길 때마다
영혼의 깊은 곳에
닻을 내린 사랑의 꽃

인생에 빨간 불이 켜질 때마다
잠깐 멈춰 생각하자

떠나며 사는 지혜
버리며 사는 지혜
내 마음의 불을
따스한 화로로 바꾸는 지혜

우선 멈춤
흔들리지 말고

똑바로 바라보기
온 마음으로 껴안기
사랑의 빛 안에서 버리기

침묵에 달린 날개

어느 날 수도원의 형제들이 모여 그릇을 씻고 있었습니다. 그런데 그들 중 한 사람이 병이 들어 기침을 하기 시작했습니다. '쿨룩쿨룩', '에이~체이' 잦은 기침과 함께 재채기를 하게 됨에 따라 자연히 옆에서 일하고 있는 형제들에게 까지 가래침이 튀게 되었습니다. 바로 옆에서 일하던 한 형제는 그것에 몹시 신경이 쓰였습니다. 계속 그대로 있다가는 아파서 기침을 하고 있는 형제에게 '기침 좀 그만 하게, 가래를 튀게 하지 말라구!'라는 말이 곧 튀어나올 것 같았습니다. 그러자 그는 그런 자신을 억제하기 위해 병든 형제가 토해 놓은 가래를 순간 집어 삼켜 버렸습니다. '꿀~꺽' 그리고 그는 자신에게 이렇게 말하였습니다. '형제를 마음 아프게 하는 말을 내뱉거나, 나쁜 마음을 품게 한 가래를 먹어 버리거나 둘 중 하나야.'

우리는 온종일 말을 하며 살아갑니다. 우리가 한 인간으로 산다는 것은 자기를 표현함으로써 관계를 맺고 영향을 주고 받는다는 것을 의미합니다. 또한 말에는 능력이 있어서 그 말을 통해 우리는 서로를 이해하고 장래에 대한 비전을 나누며 위로를 받고 희망을 얻습니다. 말은 그 날개에 평화와 사랑을 실어나르고 인간다움을 나누게 하며 생명에 이르게 합니다. "사랑해." "너는 할 수 있어." "하나님이 너를 사랑하고 축복하신단다." " 나는 너를 이해할 수 있어." "나와 함께 고통을 나누자." 반면에 독소를 품은 말은 인간의 마음을 병들게 하고 관계를 악화시키며 죽음에 이르게 합니다. 냉정하고 차가운 말, 경쟁심을 부추기는 말, 비난하는 어조, 무시와 비아냥거림, 아첨과 험담….

말은 존재의 표현입니다. 사람과 언어가 따로 존재할 수는 없습니다. 언어와 삶이 따로 떨어질 수도 없습니다. 말은 말하는 사람의 기술이나 훈련에서 나오는 것이 아니고 하나님과의 관계에서 나옵니다. "너는 내가 아버지 안에 있고 아버지께서 내 안에 계신 것을 믿지 않느냐? 내가 너희에게 말하는 것은 내 마음대로 하는 말이 아니라 내 안에 계신 아버지께서 그 일을 하시는 것이다." (요 14: 10) 우리가 그분 안에 있으면 무슨 말을 해야 할지를 잘 알 수 있습니다. 중요한 것은 우리가 하나님의 사랑에 닻을 내리고 자신감을 가지는 것입니다. 우리의 심장이 예수님의 심장과 연결되어 있으면 우리는 무슨 말을 해야 할지 알게 됩니다. 헨리 나웬은 우리가 어떠한 삶을 살아가는 가가 어떠한 말을 하는가 보다 중요하다고 말합니다. 올바른 삶에서는 언제나 올바른 말이 나오기 때문입니다. 우리가 이웃을 마음으로부터 용서할 때, 우리는 용서의 말을 합니다. 감사할 때 감사의 말을 하며, 희망에 차고 기뻐할 때 희망에 차고 기쁜 말을 합니다. 말은 해놓고 말한 것을 삶에서 실천하지 못하면 우리는 이중의 메시지를 주게 됩니다. 말과 행동으로 이중의 메시지를 줄 때 우리는 위선자임을 드러내 보여 주는 것입니다. 우리의 삶이 우리로 하여금 바른 말을 하게 하고, 우리의 말이 우리를 올바른 삶으로 인도할 수 있도록 해야 합니다. 토마스 머튼Thomas Merton의 침묵이라는 시는 이러한 사실을 잘 대변해 줍니다.

> 마음이 상했지만 답변하지 않을 때
>
> 내 마음 내 명예에 대한 방어를 하나님께 온전히 맡길 때
>
> 침묵은 양선입니다

형제들의 탓을 드러내지 않을 때
지난 과거를 들추지 않고 용서할 때
판단하지 않고 마음 속 깊이 용서해 줄 때
침묵은 자비입니다

불평 없이 고통당할 때
인간의 위로를 찾지 않을 때
서두르지 않고 씨가 서서히 싹트는 것을 기다릴 때
침묵은 인내입니다

그분이 행하시도록 침묵할 때
주님의 현존에 있기 위해 세상소리와 소음을 피할 때
그분이 하시는 것만으로 충분하여 인간의 이해를 찾지 않을 때
침묵은 신앙입니다

'왜'라고 묻지 않고 십자가를 포용할 때
침묵은 흠숭입니다

- 토마스 머튼, '침묵'

거리를 지키라

◥"어떻게 하면 다른 사람들과 잘 지낼 수 있을까요?"라고 누군가 묻는다면, 제 대답은 "먼저 자신이 행복해지세요. 행복해지는 자기만의 시간을 충분히 가지세요. 그리고 그 행복이 전염되게 나누세요"라는 것입니다. 예수님은 600여 가지가 넘는 구약의 율법을 간결하게 정돈해 주셨는데, 그것은 '하나님을 사랑하고, 자기 자신을 사랑하고, 이웃을 사랑하라'는 사랑 처방이었습니다.

내가 다른 사람을 사랑하려면 내게 사랑할 여력餘力이 있어야 합니다. 내 마음에 다른 사람을 들일만한 방이 비워져 있어야 합니다. 사랑의 힘이 충전되지 않은 채 사랑한다고 하는 행위는 사실은 끈질긴 자기애自己愛

에서 출발하는 경우가 많습니다. 사랑이라는 허울을 벗겨보면 이기심, 메마른 감정, 의존, 집착, 맹렬한 소유욕인 경우가 얼마나 많은지요! 우리는 공허한 마음을 투사하여 상대방을 이용하거나 의존함으로써 쉽사리 빈곤해지고 집착하는 관계를 맺게 됩니다. 스스로 자신의 중심에서 충분한 에너지를 공급받을 수 있을 때, 내 마음의 방이 불안이나 두려움, 피곤이나 시간에 대한 압박으로 어질러져 있지 않을 때, 우리는 다른 사람들이 나의 공간으로 들어와 두려움 없이 말하고 노래하고 춤추도록 허용할 수 있습니다. 그렇게 되었을 때 우리는 더 이상 타인을 소유하려고 위협하거나 과도히 의존하면서 많은 것을 요구하지 않고 그들을 자유롭게 하는 존재가 됩니다.

우리가 함께 살아간다는 것은 다른 사람과 함께 합주곡을 연주하는 것과 같습니다. 타인과의 합주는 스스로 홀로 설 수 있는 사람의 독주 능력이 전제되어야 하지요. 그래서 공동체는 진정으로 하나님 앞에서 독립할 수 있는 이들이 상호협력을 통해 조화를 이루는 합주곡입니다. '따로 또 같이', '홀로 그러나 함께!' 그러니 우리가 거리를 조정하는 것은 더욱 더 함께 하기 위한 것입니다. "지금은 너무나 몸이 피곤해서 잠시 쉬고 싶네요"라고 부드럽게 말하거나 기도와 쉼의 시간을 갖기 위해서 핸드폰을 꺼 두거나 산책을 하는 것도 좋은 일입니다. 사랑에는 거리의 기술이 필요합니다.

그 거리 속에 하나님의 임재가 자리잡을 때, 우리는 서로에게 신성이 있다는 것을 존중해 주게 되고 상대방의 프라이버시를 조심스럽게 보호해 줄 수 있습니다. 그때 비로소 각각의 '나'들은 아무것에도 의존하지 않아도 행복하다는 것을, 아무것도 통제하지 않아도 행복하다는 것을, 어떤 안전장치도 필요치 않다는 것을 깨닫게 됩니다. 우리가 거리를 확보하고 하나님 한 분께 가까이 가면 갈수록 역설적으로 세계의 모든 형제자매들에게 그만큼 가까이 간다는 것을 느끼게 됩니다. 하나님은 나만의 하나님이 아니기 때문입니다. 우리의 관계 속에 하나님의 임재를 허용할 때 우리는 하나님 아버지에 의해 무한하게 연결된 인류 가족의 일부라는 것을 경험하게 될 것입니다.

함께 있되 거리를 두라

그래서 하늘 바람이 너희 사이에서 춤추게 하라

서로 사랑하라 그러나 사랑으로 구속하지는 말라

그보다 너희 혼과 혼의 두 언덕 사이에 출렁이는 바다를 놓아두라

서로의 잔을 비워 주되 한 쪽의 잔만을 마시지 말라.

서로의 빵을 주되 한 쪽의 빵만을 먹지 말라.

함께 노래하고 춤추며 즐거워하되 서로는 혼자 있게 하라

마치 현악기의 줄들이 하나의 음악을 울릴지라도

줄은 서로 혼자이듯이 서로 가슴을 주라

그러나 서로의 가슴속에 묶어 두지는 말라

오직 큰 생명의 손길만이

너희의 가슴을 간직할 수 있다

함께 서 있으라

그러나 너무 가까이 서 있지는 말라

사원의 기둥들도 서로 떨어져 있고

참나무와 삼나무는

서로의 그늘 속에선 자랄 수 없다

- 칼릴 지브란 Kahlil Gibran, '함께 있되 거리를 두라'

자유하라.

괜찮아요. 괜찮아.

장님. 코끼리. 만지기.

성자가. 된. 구두장이.

다름으로. 평화에. 이르기.

용서는. 새. 삶을. 여는. 문.

괜찮아요 괜찮아

갈등이 생길 때마다 인생을 돌아보면 매 순간 그분의 은총이 함께 했다는 것을 깨닫게 됩니다. 제자들에게 배신당하고 따르던 대중들에게 비난을 받은 하나님의 아들이 누웠던 십자가는 하나님의 얼굴을 가장 적나라하게 보여주는 장소임에 틀림없습니다.

　　소금이
　　바다의 상처라는 걸
　　아는 사람은 많지 않다

　　소금이

바다의 아픔이란 걸

아는 사람은 많지 않다

세상의 모든 식탁위에서

흰 눈처럼 소금이 떨어져 내릴 때

그것이 바다의 눈물이라는 걸

아는 사람은 많지 않다

그 눈물이 있어

이 세상 모든 것이

맛을 낸다는 걸

– 류시화, '소금'

"괜찮아요, 괜찮아." 이 말은 저를 사랑해 주셨던 멘토가 늘 하시던 말이었습니다. 무슨 일을 하든지 제대로 잘 해야 한다는 강박증이 있는 저에게 그분은 늘 "괜찮아요, 괜찮아" 하시면서 위로해 주셨지요.

어릴 때부터 유교적이고 가부장적인 질서에 길들여진 사람들에게는 하나의 기준 아래 획일화된 평화를 누리려는 마음이 많은 것이 사실입니다. 저같이 목소리도 작고 생긴 것도 그리 권위 있게 생기지 못한 사람은 목소리 큰 어른이 한 명 있어서 이 말 많은 사람들을 한 줄로 세우면 얼마나 좋으랴, 갈등이 생기면 따끔하게 혼도 내서 탈 없이 살 수 있다면 얼마나 좋으랴 하는 마음이 불쑥 불쑥 드는 것도 무리는 아닙니다. 그러나 인생을 많이 살아 본 어른들, 나름대로 고난을 통해 삶의 지혜를 터득한 분들이 한결같이 하는 애기는 '갈등은 있기 마련'이라는 것입니다. 갈등이 없어야 한다고 생각할 때는 일마다 속이 상하고 화가 나더니, 있기 마련이라고 관점을 바꾸고 나자 웬만한 일에는 '다 그런 거지' 하고 웃으며 넘기게 되었습니다. 여유가 생기니 갈등을 객관적으로 들여다보고 문제를 해결할 실마리를 찾아내는 것도 훨씬 쉬워졌습니다.

그러고 보면 타자를 우리의 삶 안으로 초대한다는 것이 단순히 먹던 밥상 위에 숟가락 하나 더 올리듯 간단한 일이 아님은 자명합니다. 다들 기질도 성격도 경험도 다를 테니 그 미묘한 삶의 갈피들이 분열의 틈새를 만들어 내는 것은 당연할 터. 야생의 삶에서 커서 거칠고 강한 제자들, 모든 걸 다 버리고 예수님을 따른 것으로 보아 주관과 오기도 상당했을 그 제자들을 품에 안고 "다 오너라. 내가 너희를 쉬게 하리라"고 하신 예수님의 품은 어지간히도 크고 넓었던 모양입니다.

우리의 모자란 관계 속에 우리를 위해 생명의 밥이 되어주신 그리스도를 모셔야겠다는 다짐을 해 봅니다. 그분은 우리에게 고통이 전혀 없는 인생에 대해서 말씀하시거나, 갈등을 모두 제거해서 서로 좋은 게 좋은 거라고 인간관계 만사형통케 하리라고 약속하시진 않으셨습니다. 대신 갈등을 이길 수 있는 힘을, 갈등과 상처와 더불어 더 나은 삶으로 나아갈 수 있는 십자가의 길을 보여 주셨습니다. 우리의 희망은 갈등이 없음에 있는 것이 아니라 어느 인생이나 갈등이 있기 마련이라는 것과 가장 많은 갈등을 겪었던 그리스도가 바로 그 고통을 통해서 하나님이 되는 길을 보여주셨다는 것에 있습니다. 우리는 오로지 고통을 통해서만 고상한 존재가 될 수 있으며 그때에야 비로소 타자를 이해하고 사랑할 수 있기 때문입니다.

우리는 상처 속에서 우리가 갖고 있던 소중한 확신과 경험, 소유들이

시시하고 적절치 않으며 잘못되었다는 것을 깨닫게 됩니다. 더 풍성한 열매를 얻기 위해 나무들의 가지를 치는 것처럼 우리 또한 우리 삶의 분노와 고통, 실패와 좌절 안에서 하나님이 우리를 변화시키는 일을 발견할 수 있습니다. 우리는 세상의 고통과 불합리함이 사실은 우리에게 기회를 주는 것이며, 그것들이 우리에게 성숙을 가져다주고 존재의 충만함에 이르도록 도전을 주는 것임을 압니다. 마치 조각가가 진흙으로 모양을 만들어내듯 우리 삶의 역사 가운데 일어나는 사건들이 우리를 빚어가고 있으며, 또 우리가 자신의 진정한 소명을 발견하고 성숙한 사람이 되는 것은 우리를 다듬는 이러한 손길들에 주의 깊게 순종할 때에만 가능하다는 것입니다.

빅터 파라친 Victor M. Parachin은 말합니다. "우리에게는 상처와 위기를 다룰 수 있는 능력과 은총이 주어졌다는 사실을 믿어야 한다. … 고통이 비록 우리를 아프게 할지라도 우리는 그 고통의 빛깔을 선택할 권리를 갖는다. 상처와 갈등을 믿음으로 대면함으로써 삶을 풍요롭고 아름다운 빛깔로 배합하고 또 그렇게 삶을 발전시켜 나가는 것이 바로 하나님께서 우리에게 원하는 것이다."

장님 코끼리 만지기

우리는 나름대로의 시각과 인식의 틀, 즉 정해진 패러다임을 가지고 사람, 사물, 사건을 파악합니다. 경험과 지식, 환경 등의 영향으로 형성된 저마다의 안경이 있는 셈입니다. 이 안경은 마치 장님이 코끼리를 만지듯 부분적인데도 불구하고 마치 자기가 모든 것을 알고 있는 양 부분을 전체로, 특수를 일반화하는 오류를 범하게 하곤 합니다.

어떤 노교수가 이스라엘 키부츠 공동체에 있는 유치원에 가서 우리가 익히 아는 '토끼와 거북이' 우화를 들려주었습니다. 근면과 성실에 대해 교훈을 주려고 말이지요. 얘기가 끝나자 한 유치원생이 손을 들어 질문을 했습니다. "근데 왜 거북이는 잠자는 친구 토끼를 깨워서 같이 안 가고 혼자만 갔나요?" 공동체 생활을 하던 유치원에서 친구들과 함께 뛰놀며 넘어지면 일으켜 주던 키부츠 어린이로서는 그런 이기적이고 경쟁적인 거북이가 이해되지 않았던 것입니다.

나사렛 사람들은 예수님을 너무나 익히 잘 알고 있었다고 믿었습니다. 초라한 시골의 목수 출신. 어렸을 때부터 예수를 보고 익히 알고 있다고 믿었던 그들로서는 도저히 그분을 그리스도로 받아들일 수가 없었습니다. 인간의 모든 고정관념을 뒤엎고 등장하시는 해방의 하나님을 알아볼 수 없었던 것입니다. 차라리 제자들처럼 무식해서 아무것도 몰랐다면 그분을 알아 볼 수도, 받아들일 수도 있었을 텐데….

고정관념은 우리에게 갈등을 야기하고 문제를 똑바로 직시하지 못하게 합니다. 다가오는 갈등과 고통, 오해나 판단도 이러한 고정관념에서 생기는 경우가 많습니다. 내게 형성된 낯익은 신념과 판단의 잣대를 가지고 다른 사람과 상황을 판단하면서 그들의 아픔과 마음을 알아차리지 못합니다. '어떻게 자식이 부모에게 그럴 수가 있어?', '세상에 어떻게 그런 일이 일어날 수 있어?', '내가 너한테 어떻게 했는데 이럴 수가 있니?' 그런 감정이 들 때, 그렇게 생각하게 된 판단의 잣대를 살펴야 합니다. 그렇게 해야 한다는 당위, 인과율의 법칙들을 살펴보는 것입니다.

지금 내게 일어나는 모든 일들은 당연히 일어날 수 있는 일들입니다. 그게 냉정한 현실이니까요. 그런 일들은 수없이 일어났었고 현재도 일어나고 있으며 앞으로도 일어날 것입니다. 다만 지금까지 '내게' 일어나지 않았던 것뿐입니다. 그래서 나는 그 문제에 대해서, 그 문제를 겪는 수많은 다른 사람들의 고통에 대해서 무심했던 거죠. 지금 내게 문제가 닥치다 보니까 그들의 아픔을 알게 된 것뿐입니다. 그동안 형성된 내 고정관념과 이기심과 좁은 지평이 고통을 일으키고 있는 겁니다.

내게 우울과 슬픔과 분노를 일으키는 그 잣대가 사실은 무엇과 연결되어 있는지, 어떤 고정관념과 욕망과 연결되어 있는지를 가만히 살펴보아야 합니다. 자식 때문에 화가 난다고 할 때 사실은 자기의 욕망이 좌절되니까 분노와 아픔과 좌절을 겪으면서 그걸 자식에게 투사하여 아이를 윽박지르는 것은 아닌지 말입니다. "너 때문에 내가 불행하다, 너 때문에 창피하다." 하지만 실상은 자식이 잘 크면 남이 인정해 주고 내 노후가 심정적으로 안정이 되고 내 마음대로 커 주니 기분이 좋아서 그런 것은 아닌지…. 그 아이가 설사 육체적으로나 정신적으로 장애를 겪고 있다고 해도, 있는 그대로 자신을 존중하고 사랑할 수 있도록, 당당하게 세상을 향해 한발 한발 나갈 수 있도록 도와줘야 합니다. 고정관념과 연결된 내 욕망의 문제를 해결하고 나서야 비로소 우리는 내 감정이나 욕망의 투사가 아니라 상대방을 있는 그대로 진심으로 걱정하는 하나님의 마음으로 돌아가서 사랑해 줄 수 있다는 겁니다.

고정관념에 대한 생각이 저를 조용히 반성하게 할 즈음에 갑자기 제 마음에 들어 온 말씀이 제 삶의 기초를 흔들게 되었습니다. 욥기 40장-42장에 나타난 욥의 고백이었지요.

"보소서 나는 비천하오니 무엇이라 주께 대답하리이까 손으로 내 입을 가릴 뿐이로소이다 내가 한 번 말하였사온즉 다시는 더 대답하지 아니하겠나이다 그 때에 여호와께서 폭풍우 가운데에서 욥에게 일러 말씀하시되 너는 대장부처럼 허리를 묶고 내가 네게 묻겠으니 내게 대답할지니라 네가 내 공의를 부인하려느냐 네 의를 세우려고 나를 악하다 하겠느냐 네가 하나님처럼 능력이 있느냐 하나님처럼 천둥 소리를 내겠느냐 너는 위엄과 존귀로 단장하며 영광과 영화를 입을지니라 너의 넘치는 노를 비우고 교만한 자를 발견하여 모두 낮추되 모든 교만한 자를 발견하여 낮아지게 하며 악인을 그들의 처소에서 짓밟을지니라."(욥 40: 4-12)

그래요, 제 삶에 일어나는 모든 일들이 꼭 제가 생각하는 대로 진행되어야 할 아무런 이유가 없었습니다. 세상이 정한 인과율의 법칙에 따라 움직일 필요도 없습니다. 심판의 주권이 당신께 있습니다. 때로 폭력적이고 횡포를 부리는 듯 보이는 그 모든 것이 자연입니다. 죽음과 고통과 의심이 얽혀있는 그것이 지금 내가 살아가고 있는 삶입니다. 제게 일어난 모든 일이 너무나 당연합니다. 있어야 할 일들이 일어나고 있습니다. 예전에도 그랬고 지금도 그렇고 앞으로도 그러할 것입니다. 주님께서는 항상 옳은 일을 하십니다. 이 깨달음을 얻고 난 후에는 모든 생각이 유연해지고 좀 더 타인의 입장에서 바라보게 되었습니다. 노르위치의 줄리안 Julian of Norwich이 했던 기도가 생각납니다. "하나님을 신뢰합니다, 모든 것이 다 잘 됩니다." 그렇습니다. 당신을 신뢰합니다. 당신이 새롭게 도전하고 폭로하고 시험하는 모든 일들이 다 나를 새롭게 창조하는 일에 도움이 됩니다. 모든 것이 다 잘 됩니다.

그렇게 마음을 바꾸고 나니 한동안 내가 무엇이나 다 아는 양 생각하고, 남들이 "네가 뭘 알아?" 하는 식으로 나를 대할 때 울컥하던 마음이 변화되었습니다. 맞아요, 맞아. 내가 뭘 알겠어요. 나는 다만 내가 익히 알고 있는 것들에 대해서만 잘 알 뿐입니다. 내가 뭔가 알고 있는 양 생각하고 있는 동안에는 나는 상대방의 말을 진심으로 듣고 있지 않다는 것을, 무언가 새로운 보화를 발견하기는 어렵다는 것을 깨닫게 되었습니다. 지금은 이렇게 생각해 보려고 애씁니다. '아마 나는 잘 모를 것이다. 상대방이 말하는 것을 충분히 잘 알아듣고 있지 않을 것이다. 그가 말하는 것은 내가 경험한 것과는 다른 무엇을 분명히 포함하고 있을 것이다' 라고요. 그래야 우리는 낯선 땅, 미지의 땅으로 갈 자격을 갖추게 되는 것이죠. 정말 자신은 어느 부분에서만 알고 있고, 누구보다도 낫지 않다고 깨달은 사람만이 비로소 지혜의 길에 들어 선 사람인 것입니다.

성자가 된 구두장이

▎ 그리스 신화에는 프로크러스테스라는 한 강도의 이야기가 등장합니다. 그는 자기에게 꼭 맞는 침대를 하나 가지고 있는데, 이 마을과 저 마을을 연결하는 산 하나를 차지하고서 그 산을 통과하는 이들의 몸치수를 잽니다. 만일 어떤 사람의 키가 자기 침대보다 크면 그 침대에 맞게 다리를 자릅니다. 작으면 몸을 있는 대로 잡아당겨서 침대크기로 늘이지요. 프로크러스테스의 침대 Procrustean bed는 멀쩡한 사람들을 자기의 고정관념과 경험의 잣대에 맞추어 기형아로 만드는 지배와 오만의 상징입니다. 얼핏 보기에 가장 금욕적이고 수행적인 영성으로 보이는 사막교부들의 영성은 프로크러스테스의 침대처럼 이론적이거나 원칙적인 잣대를 들이대는 것이 아니었습니다. 교부들은 수덕적인 행동을 많이 하고 기도와 의

로운 규범들을 지킨다 해도 머리로는 남을 자기 기준에 따라 쉴 새 없이 판단하고 있다면 모든 덕행이 헛된 것이라고 말합니다. 그런 사람들은 쉴 새 없이 남을 보고 듣고 판단하면서 겉으로는 친절하고 겸손한 척 합니다. 그런 사람들은 비록 절제와 기도와 봉사를 많이 한다고 하여도 자신이 어떤 잣대에 비추어 남보다 우월하다는 오만을 키울 따름입니다. 그러나 자신 안에 머물러 자기를 보게 된 사람은 남에 대한 판단을 그치고 자유하게 된 사람이지요.

그래서 테베의 요셉 교부 Joseph de Thebes는 영성의 길에 대해 "행동할 때마다 나는 누구인가를 질문하고 아무도 판단하지 마시오"라고 말했고, 형제들을 판단하는 수도승에게 "남을 판단하는 것은 아직 너 자신을 모르기 때문이다. 무릇 자기 자신을 아는 사람은 형제의 잘못을 탓하지 않는다"라고 말했습니다. 그는 판단이 종종 자기의 욕망과 관점을 투사한다는 것을 알고 있었고 침묵과 관용만이 우리의 욕망을 다른 사람에게 투사하는 것을 막아준다는 것을 깨달았던 것이지요. '아니다, 그는 나와 다르다. 하나님이 그를 나와 다르게 만드셨다. 무의식의 기제도 다르다. 다르게 살아왔고 살아 온 경험도 다르다. 오직 하나님만이 그 중심을 아신다'라고 생각해야 자유로워진다는 것입니다.

　사막의 성자로 불리는 안토니우스 Antonius의 예화는 우리가 하나님께로 가는 길이 매우 다양하다는 것을 보여줍니다. 안토니우스는 예수님의 뒤를 따르기 위해 집, 가족, 소유물로부터 떠났습니다. 그는 친구들과 친척들에게 작별 인사를 하고 소유한 모든 것을 팔아 가난한 이들에게 나눠주고, 하나님을 찾기 위해 사막으로 떠났지요. 모래사막을 걷던 그는 한 동굴을 발견하고 정착합니다. 그는 그 어두운 동굴에서 밤낮 없이 기도했습니다.

　여러 가지 시험이 있었지만 안토니우스는 평화로웠고, 하나님 외에 아무것도 소유하지 않았습니다. 그러나 하나님이 말씀하셨습니다. "며칠 동안 너의 동굴을 떠나라. 그리고 멀리 떨어진 읍내로 가라. 거기서 읍내의 구두장이를 찾아라. 그 집에 들어가서 그와 함께 머물러라." 그는 하나님의 명령에 당황했지만 다음 날 아침, 말씀대로 길을 떠났습니다. 마침내 구두장이의 집을 찾아 문을 두드리자 미소를 띤 남자가 문을 열었습니다. 그는 안토니우스가 얼마나 피로하고 배가 고픈지를 알아차렸습니다.

"들어오세요. 당신은 먹을 것과 쉴 곳이 필요하군요." 구두장이는 아내를 불렀습니다. 그들은 안토니우스를 위해서 좋은 식사를 준비했고 쉴 수 있는 좋은 잠자리도 제공했습니다. 그는 삼 일간 구두장이 가족과 함께 머물렀습니다. 그들은 많은 것을 이야기하였고, 좋은 친구가 되었습니다. 이윽고 그가 구두장이와 아내에게 작별 인사를 하고 동굴에 도착했을 때 하나님께서 물으셨습니다. "그 구두장이가 무엇을 좋아했느냐?" 그가 대답했지요. "그는 매우 단순한 사람이었습니다. 그는 아기와 아내가 있었고 그들은 서로를 매우 사랑하고 있었습니다. 그는 구두를 만드는 작은 가게를 가지고 있었으며 열심히 일했습니다. 작은 집 하나를 가지고 있었고, 자기보다 덜 가진 사람에게 돈과 음식을 주었습니다. 그와 그의 아내는 매우 강한 믿음을 가지고 있었고, 적어도 하루에 한 번은 기도했습니다. 그들에게는 많은 친구가 있었습니다. 그리고 그 구두장이는 유머를 즐기고 있었습니다." 하나님께서 말씀하셨습니다. "그 구두장이와 그의 아내도 너처럼 위대한 성자들이다."

사막교부들의 지혜는 깊은 내면생활과 구체적인 경험 속에서 나온 것이었기 때문에 언제나 구체적인 상황과 다양한 개인을 향해서 말하고 있습니다. 즉, 그들의 멘토링은 아주 구체적인 삶의 고민 안에서 그 질문을 던진 당사자를 향해 던진 치유법이었습니다. 복음서의 말씀과 교훈이 그러하듯이 사막교부들의 지혜어린 해결책들도 하나의 맞춤영성이었다고 할 수 있습니다. 그래서 어떤 말들은 지극히 단편적인가 하면 어떤 것들은 그 정도가 지나쳐 보였습니다. 사막교부의 금언집에는 다음과 같은 익명의 글이 있습니다. "여기서는 누구나를 위한 보편진리, 공통진리를 말하고 있는 것이 아니다. 특정한 상황 안에서 특정한 사람에게 필요한 것을 해야 하는 바로 지금 여기에, 그를 자극시켜야 하는 바늘 침으로 생각한 말씀이다. 그러니 오늘 그에게 한 얘기가 한 달 전에 그에게 했던 얘기와 어찌 같겠는가? 동기와 생각과 감정이 다른데 곁에 있는 친구와 그가 어찌 동일한 해답을 내겠는가?"

토마스 머튼이 번역한 『장자의 도』 18편 5절에 보면 '갈매기를 위한 악곡'이라는 글이 있습니다. 만물이 제각기 쓰임새가 다르고 모양새가 다르니 한 가지 척도로 함부로 판단하지 말라는 것입니다. 그는 작은 주머니에 큰 돌을 넣을 수 없고 짧은 두레박줄로 깊은 우물물을 길을 수 없듯이, 사람을 대하는 것도 다 이와 같이 각기 생긴 모양새대로 하지 않으면 마침내 화를 당하거나 화를 입히게 될 것이라고 충고합니다.

갈매기 한 마리가 바다에서 육지로 휩쓸려 / 노나라의 성 밖에 내려앉았다 / 왕은 엄숙하게 그 새를 맞아들여 / 신성한 곳에서 포도주를 대접하고 / 악사들을 불러 순왕조의 악곡을 연주하고 / 소를 잡아 향연을 베풀었다 / 악곡에 놀란 새는 절망으로 죽어버렸다 / 너는 새를 어찌 대접해야 하겠느냐 / 너에게 맞게? 아니면 새에게 맞게? / 새는 깊은 숲에 둥지를 틀거나 / 풀밭이나 늪지 위를 날아야지? / 강이나 못을 헤엄치며 미꾸라지나 물고기를 잡아야지? / 다른 물새들과 짝을 지어 날며 갈대숲에 쉬었다 가야지? … / 물고기는 물에 살고 / 사람은 공기 속에 살듯이 / 본성이 다르면 사는 곳도 다른 것이다 / 그러기에 옛 현인들은 / 하나의 척도로 만물을 재려 하지 않았느니라.

다름으로 평화에 이르기

장 폴 사르트르 Jean Paul Sartre라는 프랑스 철학자가 한 유명한 말 중에 "타인은 지옥이다"라는 말이 있습니다. 얼마나 사람이 지긋지긋하면 그런 얘기를 다 했겠습니까? 그러고 보면 우리가 이 세계 안에서 공동체를 만들어 간다는 것은 지난한 여정인 것 같습니다. 공동체를 한자로 풀어 보면 '공共과 동同' 모두 함께 하다, 같게 하다라는 뜻을 가지고 있습니다. 다양한 사람이 함께 모여 있는데 같은 몸을 이루었다는 거죠. 그런데 같은 몸이라고 말은 하지만 갈등이 없는 곳이 없고, 문제가 없는 곳이 없는 걸 보면 함께 어울려 산다는 것이 쉽지는 않은 것 같습니다. 그런데 그렇게 많은 갈등을 느끼고 힘들어 하면서도 사람들은 함께 하기를 원합니다.

눈을 뜨자 마자부터 잠자리에 들 때까지 다투는 어떤 부부가 있었습니다. 멋 내기를 좋아하는 아내가 빨간 립스틱을 바르면 남편은 퉁명스러운 목소리로 말합니다. "쥐 잡아 먹었어?" 무뚝뚝한 남편이 조금 미안해져서 겨우 한다는 소리가 "배고파, 밥 줘." 그러면 아내는 "내가 식모야?"라고 받아칩니다. 그렇게 아옹다옹하며 살다가 말년에 한 사람이 병에 걸렸습니다. 원래도 사이가 안 좋은데 아프기까지 하니 얼마나 불평과 짜증과 다툼이 많겠어요. 간호를 하면서 "아유, 정말 지긋지긋해, 제발 혼자 좀 살았으면 좋겠어"라고 투덜거립니다. 그런데 한 사람이 죽고 나니까 나머지 한 사람이 일 년도 안되서 죽더라는 것입니다. 어떤 연구기관이 아옹다옹하면서 같이 사는 부부그룹과 혼자 독신으로 사는 그룹을 조사했는데, 전자의 사람들에게서 사람을 활기차고 건강하게 만드는 호르몬이 훨씬 많이 발견되었다고 합니다. 몸의 생체리듬도 더 활기가 생겼다는 것이지요. 이렇게 우리는 생태적으로 혼자서는 살 수 없게 만들어져 있습니다.

공동체로 사는 방법이 두 가지가 있습니다. 첫 번째 방식은 '똑같게 만들기' 입니다. 이 방법론은 서로 다르면 의견도 차이나고 갈등도 생기니까 똑같이 만들면 공동체가 될 것이라고 생각하는 것입니다. 공산주의자들은 물질을 소유하는 것이 다르니까 갈등이 생긴다고 생각해서 소유를 똑같게 만들었습니다. 근본주의자들은 자기들 종교의 이념이나 확신대로 같아지면 될 것이라고 생각해서 그러한 신념을 강요합니다. 무엇이 되었든 그 특징은 어떤 기준을 만들고 그 기준과 같으면 내 편, 다르면 적이 되는 것이죠. 다행히 같으면 좋겠지만 다르면 싸워서 굴복시키거나 제거해야 됩니다. 여기에는 자유가 없습니다. 누군가 약한 쪽을 완전히 무찌르거나 지배하거나 제거하기 전까지는 평화가 없습니다. 같음을 지향한다고 하지만 실은 힘과 지배의 논리가 존재하는 것이지요.

탈레반이라는 이슬람 테러조직이 있습니다. 이 조직원들은 하루에도 세 번씩 성전을 향하여 기도를 드리고 정기적으로 구제를 합니다. 그 행동만 보면 굉장히 종교적인 것 같지만 문제는 다름을 인정하지 않는다는 것입니다. 그들 자신의 이념이나 종교적 확신, 교리에 대해서는 어릴 때부터 철저하게 교육을 시키면서, 자기들과 다른 사람에 대해서는 잔인하게 공개처형을 시키거나 총을 쏘거나 칼로 찌르는 것을 당연하게 여기도록 세뇌하는 거죠. 힘, 강함, 무력으로 통제하고 지배하면서 강한 몸의 논리와 도식에 맞추어 똑같은 붕어빵을 만드는 겁니다.

나는 힘이 없으니까 이 방식에는 해당되지 않는다고 말할지도 모르겠지만 표현하는 방식은 사람에 따라 천차만별입니다. 삐치거나 말을 안 하거나 화를 내거나 슬퍼하거나 도움을 거두어들이거나…. 방식은 다양하지만 목적은 한 가지입니다. 내 뜻대로 상대를 만들기. 그러나 거기에는 자유도 없고 평화도 없고 사랑도 존재하지 않는다는 것이지요. 선인과 악인에게 똑같이 해를 내리시는 하나님의 은총이 자리할 곳은 없다는 것입니다.

두 번째 방식이 있는데, 그것은 '다름을 인정하기' 입니다. 평화를 만들어가는 방식에서 흔히 팍스와 샬롬을 구분합니다. 팍스는 힘, 지배, 통제를 말하는데, 힘을 사용해서 평화를 만들어가는 것입니다. 샬롬은 하나님께서 임재하시기 때문에 누리는 평화를 말합니다. 'accept people, attack problem' 이라는 말이 있습니다. 사람들도 다양하고 문제도 있고 갈등도 있지만, 그 문제 자체를 해결하고 사람은 받아들이고 자유롭게 해주라는 것입니다. 본 회퍼 D. Bonhoeffer라는 신학자는 『신도의 공동생

활』이라는 글에서 우리에게 이웃을 주신 까닭을 다음과 같이 서술하고 있습니다.

> 하나님은 다른 사람을 내가 기꺼이 만들고 싶은 사람처럼 만들지 않았습니다.
> 하나님께서 우리에게 다른 사람을 형제자매로 주신 것은
> 그들을 지배하기 위해서가 아니라,
> 그들의 머리 위에서 창조주를 발견하게 하기 위함입니다.
> 전에는 나에게 불편과 고통을 주기만 하던 다른 사람이
> 그의 피조된 자유 안에서 나의 기쁨의 근원이 됩니다.
>
> 하나님은 내가 다른 사람을 내 마음에 드는 형상,
> 곧 내 자신의 형상대로 만들기를 원하지 않으십니다.
> 하나님은 다른 사람을 자유로이 자신의 형상대로 지으셨습니다.
> 하나님의 형상이 다른 사람에게서 어떻게 나타나야만 하는지
> 나는 미리 알 수 없습니다.

다른 사람에게서 나타나는 하나님의 형상은
전혀 새로운, 오직 하나님의 자유로운 창조에만 근거한 형상입니다.
그 형상이 나에게는 낯설게 보일지 모릅니다.
하나님의 형상에 어울리지 않게 보이기도 할 것입니다.
그러나 하나님은 다른 사람을 그분의 아들,
십자가에 달리신 분의 형상으로 지으십니다.
그런데 이런 형상마저도 내가 깨닫기 전까지는 참으로 낯설고
하나님의 형상에 어울리지 않은 것처럼 보입니다.

어떤 형제는 이 말을 다음과 같이 묵상했습니다.

가장 좋은 것은 다른 사람이 나와 같은 형상을 가지는 것입니다.
내 생각대로 움직이고, 내 마음에 들게 행동하는 것입니다.
그러나 나 자신은 물론 누구도 내 마음과 생각을 똑같이 닮을
수는 없습니다.

그런데도 다른 사람에게서 나타나는 하나님의 형상이 내게

낯설고 이상하게 드러날 때면 당황스럽고 화가 나기도 합니다.
공동체가 깨지는 것도 이것 때문입니다.
우리가 서로 다르다는 것을 인정하지 못하기 때문입니다.

나를 다른 사람의 생각에 맞추는 것이 아니라
다른 사람의 생각을 내 생각에 맞추려 하기 때문입니다.

교회는 산 돌로 지어진 하나님의 집입니다. (베드로전서 2: 4-5)
다양한 형태와 색깔의 돌들이 모여야 아름다운 집이
지어지는 것처럼,
교회 안에 있는 사람의 다양성은
하나님의 집을 더 풍요롭고 아름답게 할 것입니다.

용서는 새 삶을 여는 문

▶ 자유롭게 살아간다는 것은 나를 누르고 괴롭히는 과거의 잘못된 고리에서 해방된다는 것을 의미합니다. 그 길에서 용서는 매우 중요한 열쇠입니다. 흔히 용서라고 하면 내가 행하는 어떤 율법적 행위라고 생각합니다. 그리스도인이라면 당연히 용서해야지 하면서 또 다른 율법의 짐을 지우는 것이지요. 그러나 용서는 짐이 아닙니다. 내 삶의 짐도 무거운데, 거기다가 용서의 짐까지 지라고 한다면 너무 잔인한 일이 됩니다.

용서는 율법이 아니라 해방의 기회입니다. 용서는 보는 방식의 이동입니다. 상처 입은 사람이 상처 준 사람에게 할 수 있는 특권이요, 힘입니다. 용서는 영원불멸을 경험하게 합니다. 용서는 과거에서 벗어나게 하는 가장 강력한 무기입니다.

　용서는 과거의 잘못이 우리를 지배하지 않도록 하는 지혜입니다. 용서는 나의 행복이 타인의 잘잘못이나 환경에 있지 않고 나 자신의 선택에 있다는 주체이동입니다. 즉, 삶의 행복이 내 자유에 있고 그 자유를 하나님 안에서 누리기 때문에 행복한 것입니다. 그래서 용서는 피해자만이 할 수 있는 것입니다. '에이 접자, 그만 잊어버리자'고 결심하는 것은 진정한 용서가 아닙니다. 피상적인 용서는 도피이기 때문입니다.

　용서는 성숙한 사람들이 서로에게 유익이 되는 방식으로 새로운 삶의 마당을 마련하는 것입니다. 용서는 잘못된 행동에 대응하는 방식이지 다른 사람이 잘못한 것을 증명하거나 나의 착함과 우월감을 증명하는 것이 아닙니다. 용서는 피해자가 하는 것이지만 동시에 내적으로 강한 주체가 하는 것입니다. 바꿀 수 없는 지나간 사건들과 다투지 않는 것, 변화될 수 없는 사람이나 사건에 의해 계속 고통을 당하는 것에서 벗어나는 것, 피할 수 있는 고통과 피할 수 없는 고통을 구별하고 대처하는 것이 중요합니다. 자신을 위해서 고통과 폭력에 삶을 내맡기지 않겠다는 의지가 필요합니다. 물론 방식은 다양해야 하고 사안에 따라서도 달라지겠지요. 어떤 이에게는 맞아들여서 대화를 하는 것이 좋을 수도 있고 어떤 이에게는 처음부터 싹을 끊어버리는 것이 좋을 수도 있습니다.

그러므로 용서는 희생이 아닙니다. 용서는 어떤 취급을 받아도 좋다는 것이 아닙니다. 계속 상처받는 위치에 자기를 둔다는 것이 아닙니다. 그러면 용서를 베푼 당신이 계속 부당한 위치에 있게 되고 희생양의 역할을 한 것으로 끝나버립니다.

> 진정한 용서는 내가 용서할 수 있는 자유가 있다는 것
> 그런 결정을 내린다는 것
> 그리하여 단호하게 행동한다는 것입니다.

그래서 역설적이지만 과거의 상처와 미움으로부터 벗어나서 용서하는 방법 중의 하나는 바로 '책임을 지는 것' 입니다. 책임을 진다는 것은 그 벌어진 상황 자체가 내 탓이라는 뜻이 아니라, 앞으로 그 상황을 변화시키는 주인공이 바로 나 자신이라는 것을 의미합니다. 우리는 이제 옛날과 같지 않습니다. 우리 삶에 다가오는 고통을 제거할 수는 없지만 그 고통에

대처하는 태도와 방식은 바꿀 수 있습니다. 우리는 다른 사람과 환경을 변화시킬 수는 없지만 그 사람과 환경을 대하는 자신의 마음과 행동은 변화시킬 수 있습니다. 과거의 상처에 대해 책임감을 가지게 되면 우리는 삶에 대해 보다 객관적인 자세를 가지게 되고 더 나은 해결책을 찾게 됩니다. 즉, 우리는 어떤 자극이 왔을 때 어떤 반응을 해야 할지를 결정할 수 있게 되고 떨쳐 버려야 할 것은 과감하게 떨쳐 버리게 된다는 것입니다.

만델라 Nelson Mandela 대통령은 자신을 부당하게 감옥에 가둔 독재정권을 온전히 용서하면서 "나는 태양이 비치는 바깥을 향해 걸어 나오면서 결심했다. 내가 이 감옥에 나의 증오와 미움을 두고 나오지 않는다면 나는 여전히 감옥에 갇혀 있을 것이라고….", "용서한다. 하지만 결코 잊어서는 안 된다.", "나는 내 영혼의 선장이니…." 만델라는 진정한 자유를 원했고, 모든 편견과 증오에서 자유했으며 공정하게 자신의 맡은 바 소임을 다했습니다.

가까운 친척으로부터 성폭행을 당했던 한 처녀는 과거의 처참한 기억에서 벗어날 수 없어서 늘 괴로워했습니다. 분노와 원망으로 시간을 보내면서 어떻게 하든지 과거의 사건이 '없었던 것처럼' 살 수 있기만을 희망하였습니다. 그녀는 자기에게 상처 준 사람을 거듭거듭 생각하고 자살하고 싶다는 생각을 계속해서 하고 있었습니다. 게다가 계속되는 그 친척의 부당한 요구와 폭언과 협박 때문에 도저히 정상적인 생활을 할 수가 없었습니다.

그녀는 마침내 더 이상 시달리지 않기 위해 친척에게 다시는 자신을 괴롭히지 말라고 편지를 썼습니다. 그리고 과거의 사건이 드러나서 자신에게 피해가 생기더라도 미래를 위해서 그 값을 치르고 자신의 인생에 책임을 지겠다고 결심하고 집을 옮겼습니다. 그 결단은 정말 힘든 것이었지만, 더 이상 피해의식에 짓눌려 자기의 인생을 망치지 않도록 도와주었습니다.

나를 위해서 어떤 결심을 하고 조치를 취했다는 것이 얼마나 기분 좋은 것인지 이제야 알았습니다. 내가 행복하고 편안한 것이 결국 이웃을 위한 일이 되었습니다. 나는 더 이상 강박증과 피해의식으로 괴로워하지 않아도 됩니다. 단지 그 사람의 협박 전화를 받지 않는 것만으로도 이렇게 행복할 줄 몰랐습니다. 벗어날 수 있는 고통을 큰 십자가나 되는 양 지고 다니면서 원망과 불평으로 세월을 보낸 것이 아깝기만 합니다.

중요한 것은 나의 삶에 책임감을 가지고 새로운 삶을 위한 결심을 하는 것입니다. '나는 행복해지기 위해 노력하겠다. 그 행복을 위해 기꺼이 대가를 치르겠다. 벗어날 수 있는 고통이라면 반드시 그 고통에서 벗어나겠다'고 결심하는 것이 필요합니다. 그 결단은 자기만을 위한 최소한의 행복의 방을 만들어 줄 것입니다. 다음과 같은 다짐이 도움이 될 수 있습니다.

1) 나는 더 이상 불필요한 고통 속에서 살고 싶지 않다. 나는 나의 상실감, 상처, 괴로움과 두려움을 똑바로 쳐다보겠다.
2) 나는 피할 수 있고 대처할 수 있는 상처라면 그 고리를 끊기 위해 '아니오'라고 말하겠다.
3) 나는 더 이상 부정적인 생각을 하지 않겠다. 앞으로의 내 인생이 과거와 같이 실패할 것이라고 생각하지 않겠다.
4) 행복을 가져다 줄 긍정적인 것들과 좋은 것들을 적어 보겠다. 인생의 밝은 면을 더 많이 보는 긍정적인 안목을 키워가겠다. 좋은 것은 늘 좋은 것을 부른다는 것을 잊지 않겠다.
5) 낙천적이고 긍정적인 사람들, 비전을 제시하고 미래를 설계하는 사람들과 만나 우정을 키우겠다.
6) 하나님께서 내 앞날을 축복하고 좋은 길을 예비해 두셨다고 믿고 감사하겠다.

「자신을.
 알라.

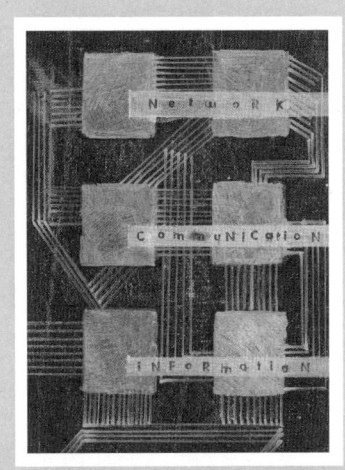

나는. 나다.

진정으로. 원하는. 것.

나답게. 정직하게.

아킬레스건. 다루기.

동굴의. 안내자.

나는 나다

이사야서에 기록된 천년왕국에 대한 이상은 저의 마음을 얼마나 푸근하게 하는지 모릅니다. 독사굴에 어린아이가 손 넣고 장난쳐도 물지 않는 세상, 어린 양과 이리가 함께 뛰놀 수 있는 세상은 각자의 개성이 그대로 있으면서도 자신에 대한 열등감이나 비교의식이 없는 곳입니다. 하나님이 "보시기에 참 좋았더라!" 하고 감탄하신 세계입니다.

하나님의 마음에 들기 위해 무진 애를 썼는데도 항상 부족할 수밖에 없었던 저는 이제야 그분의 품안에서 편히 쉬고 있습니다. 마더 테레사와 같이 끊임없이 희생하면서 넘치는 사랑과 고귀한 헌신으로 살기를 바랐습니다. 하지만 저는 어느 비오는 날 길거리의 행상 할머니께 등록금을 통째로 드릴 수는 있어도, 매일 매일 냄새나는 방에서 허드렛일을 하지는 못합니다. 사막의 교부들처럼 철저한 절제로 자기를 누르고 부정하는 영웅이 되고도 싶었습니다. 그러나 극도의 금욕의 생활은 내면의 엄격주의와 더불어 교만과 다른 이를 향한 마녀사냥의 그림자를 낳았습니다. 80년대에 대학시절을 보낸 저는 분노의 성자들이나 해방신학자들처럼 정의롭고 호기로운 영성생활을 꿈꾸기도 했습니다. 그러나 감상적인 저에게는 생 떽쥐베리 Saint Exupery의 어린 왕자나 알퐁스 도데 Alphonse Daudet의 별을 떠올리며 이 세계의 아름다움을 묵상하는 것이 더 어울렸습니다. 트라피스트 수도원의 수도사처럼 침묵과 고독의 시간을 흠모하지만 그 못지않게 가르치거나 대화하는 것을 좋아합니다. 저를 압도하던 수많은 성자들의 영웅적인 투혼은 제게 맞지 않는 낯선 옷이었습니다. 그것들이 늘 제 영혼을 옥죄고 있었습니다.

그런데 어느 날 갑자기 '나는 나여도 된다' 라는 사실을 알게 되었습니다. 있는 그대로 나는 그저 주님의 작고 사랑스러운 피조물로서 그렇게 살아도 되었습니다. 그것은 제게 눈물나게 행복한 해방의 복음이었습니다. 저는 사람들과 상황들과 제가 스스로 만든 규격에 맞추기 위해 괴로워하며 애를 쓰지 않아도 되었습니다. 내 안의 사자는 겸손해 보이기 위해서 이빨을 뽑을 필요가 없었고, 공작은 교만해 보일까봐 날개를 쭈그러뜨리고 참새처럼 종종걸음을 칠 필요도 없었습니다. 내 안의 장미는 남에게 상처를 줄까봐 가시를 죄다 뽑을 필요도 없었습니다. 어느 누구에게도 나는 '보이기 위해서' 존재할 필요가 없었습니다. 나는 있는 그대로 나였습니다. 나를 가장 잘 아시는 분은 하나님, 바로 그분이셨습니다. 그분이 나를 창조하셨고 나를 이 세상에 보낸 합당한 이유를 알고 계신 분이었습니다. 그리고 그 합당한 이유대로 나를 갈고 다듬으며 이 세상에 보낸 존재의 이유대로 환경을 조성하고 계셨습니다. 사자는 사자대로, 새우는 새우대로, 종달새는 종달새대로 그분이 이 세상에 내신 뜻에 따라 살고 있었습니다. 자기답게 산다는 것이 그분 앞에 있는 피조물이 가진 최대의 찬미요 기도였습니다. 그분만 계시면 되었습니다.

많은 구도자들이 그들 자신이 되지 못했습니다. 그들은 하나님께서 원래 창조하신 자유로운 그대로의 모습이 되지 못했습니다. 그들은 자기가 아닌 다른 누군가가 되려고 헛수고를 하며 시간을 낭비했습니다. 그들은 자기네가 만들어낸 많은 이유로 몇 백 년

전에 살다간 어떤 사람, 자신의 마음속에 심어주신 하나님의 창조물인 자기가 아닌 다른 어떤 사람이 되어야만 한다고 믿습니다. 그들은 다른 사람의 영성을 가지려고 노력을 한 끝에 몸과 마음이 다 지쳐버립니다. 거기에는 강한 자기 자만과 경쟁과 열등의식이 몰래 숨어있습니다. 자연은 있는 그대로 자기를 드러내며, 자신을 과시하거나 열등감을 느끼지 않습니다. 그들은 하나님께서 만들어 주신 자기 자신에 만족합니다. 유독 인간만이 자기 스스로 하나님인양 자기들의 세계를 재창조하려고 애를 쓰고 있습니다.

- 토머스 머튼, '명상의 씨'

중학생 시절에 만났던 문학반 선생님은 우리가 자연의 아름다움과 고유함을 묵상할 수 있도록 도와주신 분이었습니다. 우리는 방과 후에 학교 뒷산에 올라가서 작은 꽃들을 관찰하고, 밤늦도록 문학실에 남아 있다가 알퐁스 도데를 떠올리며 밤하늘의 별과 함께 집으로 가곤 했습니다. 알려지지 않은 작은 꽃들! 잎의 세세한 잎맥과 밝고 어두운 부분, 물이 오른

잎의 살, 다른 어느 꽃들과도 같은 점이 없는 독특한 꽃들을 보며 이 세상에 존재할 이유가 없는 것은 단 하나도 없다는 것을 배웠습니다.

오직 한 송이의 꽃! 진정 그러했습니다. 우리 눈에 띄어 감탄과 찬사를 받고 새로운 작품의 모델이 되었던 그 꽃들은 이 세상에 단 하나뿐인 하나님의 작품이었습니다. 어린 왕자에게 장미는 오직 한 송이 꽃이었던 것처럼 말이지요. 우리도 각자가 독특한 개성과 은총을 받았습니다.

우리는 때때로 열등감에 시달리며 어리석은 비교 게임에 빠집니다. '나는 누구보다 똑똑하지 않아, 나는 누구보다 무능해, 누구는 공부를 더 잘하고 누구는 돈을 더 잘 벌고 누구는 기도를 더 잘하고….' 끊임없이 경쟁하며, 그 경쟁의 대가로 안락한 소유가 주어지는 현대사회에서 나다움을 주장하며 살기란 때로 어리석은 길을 택하는 것처럼 보이기도 합니다. 그러나 진정한 평강과 기쁨은 나만이 할 수 있는 일, 다른 사람에게 나만이 줄 수 있는 것들이 있을 때 생겨납니다.

하나님께서 이 세상에 자신을 보내신 독특한 소명을 미처 발견하지 못하고 생을 마치는 사람들이 대부분입니다. 수많은 거짓 자아의 환상으로 이루어진 비교 게임에 힘을 쏟느라고 말이지요. 나만이 가진 잠재력을 피어나게 하려면 자기만이 가진 유일한 개성을 깨닫고 하나님이 자기를 통해서 이루기 원하시는 것이 있음을 믿어야 합니다.

주님, 당신은 나를 낱낱이 보고 아십니다
당신은 내 오장육부를 만들어 주시고
어머니의 태중에서 이미 나를 엮으셨으니
그 하신 일이 기묘막측합니다

당신을 찬미합니다
당신은 내 영혼의 세미한 것까지 완전히 아십니다
은밀한 속에서 내가 지음 받았을 때
깊은 땅 속에서 내가 엮어졌을 때
당신은 벌써 내 됨됨이를 알고 계셨습니다
평생의 첫 하루가 있기도 전에
내 날수는 미리부터 정해져 있었습니다

나를 지으신 당신을 찬양합니다

주님,

당신의 지으신 목적대로 나를 인도하시고

영원의 길을 따라 살펴주소서

- 시편 139편

진정으로 원하는 것

▶ 본디 우리는 하나님 안에서 하나님이 예정하신 그 가치대로 가장 좋은 것만 원하도록 태어났습니다. 자기가 가장 잘 할 수 있는 일, 고귀한 가치, 서로 섬기며 사랑하는 법…. 진정한 나real self와 하나님과의 관계 안에서는 온갖 좋은 것들이 가득 차 있습니다. 우리가 구하는 것들과 하나님이 원하시는 것이 따로 있지 않습니다. 그래서 요한복음에서는 하나님이 우리 안에 있고 우리가 하나님 안에 있으면 무엇이든지 구하는 대로 다 이룰 것이라고 하였습니다. 우리의 욕구와 하나님의 뜻이 일치되는 축복의 삶이 열리는 것이지요. 그러나 선악과를 따먹고 타락한 인간은 자신의 생각, 왜곡된 판단, 고정관념, 상처에 가려서 좋은 것보다는 자꾸 나쁜 것을 끌어들이는 본성을 가지게 되었습니다. 그래서 거짓 자아false ego는 진정

으로 자기가 원하는 것이 무엇인지 모르고, 경쟁하고 성취하고 다투는 가운데 원하지 않는 것만을 계속 끌어들이는 것입니다.

사람들과 대화할 때 제가 자주 사용하는 말이 있습니다. "그게 당신이 진심으로 원하는 것인가요?" 그러면 상대방은 '정말 내가 진정으로 원하는 게 이것이었나? 아니면 다른 사람들의 압력에 못 이겨서, 이렇게 하지 않으면 결국 패배자가 될 것 같으니까 하고 있는 것은 아닌가?' 하고 곰곰이 생각하게 됩니다. '제로 베이스Zero Base 사고'라는 말이 있습니다. 지금 습관에 젖어서 아무 생각 없이 혹은 의무감 때문에 하고 있는 일들을 백지상태로 놓고 돌아보는 겁니다. '내가 지금 이 일을 그만둬도 누가 뭐라고 하지 않는다면, 굳이 내가 나서지 않아도 상관없다면, 나이나 남들의 이목이나 체면을 신경 쓰지 않아도 된다면, 그래도 하고 싶은 일일까?'

내가 정말 원하는 것이 무엇일까? 예수님은 베데스다 연못가(요 5: 1-9)에서 38년간이나 병에 시달리며 좌절과 낙심 속에 있던 병자에게 질문하십니다. "네가 (정말로) 낫기를 원하느냐?" 이게 무슨 가당치 않은 질문입니까? 누군들 이 상황에서 낫기를 원치 않겠어요? 그러나 생각해 보면 그 병자는 그렇게 강력하게 원치는 않았을 수도 있다는 겁니다. 병자는 이렇게 말합니다. "물이 동할 때에 나를 못에 넣어줄 사람이 없었어요." 그의 말은 이런 겁니다. "그래서 못 갔어요. 제 탓이 아니에요."

정말 그런 걸까요? 다른 방법은 전혀 없었단 말인가요? 누군가 선한 마음을 가지고 있는 사람이 나타나서 때맞춰 적극적으로 나를 물속에 넣어 주기까지는 결코 나을 수 없다고 왜 그렇게 생각하게 된 거죠? 그 방법 외엔 도저히 길이 없다고 누가 정한 거죠? 그 말은 이렇게 바꿔서 생각할 수도 있습니다. "이렇게 오래 살다보니 적당히 구걸하면서 사는 것도 그럭저럭 괜찮습디다." 그렇지요. 그렇게 말하는 게 옳은 거지요. 어느새 그는 그렇게 못에 누워서 구걸하며 편하게 길들여진 삶을 살아가는데 익숙해져 있는 겁니다. 38년이나 그렇게 살아왔는데! 이젠 기술이라고는 구걸하는 기술밖엔 없는데! 38년이나 두고 보았지만 아무도 나를 치료해 주지 않았는데!

이 상황에서 예수님께서 병자에게 하신 질문은 어떤 목적을 가지고 있었을까요? 그의 인생을 어떻게 철저하게 바꾸려는 것인지, 진심으로 변화를 수용하려는 마음이 있는 것인지, 새로운 삶의 방식을 위해 그동안 익숙했던 고정관념과 경험을 포기하려는 자세가 되어 있는지를 묻고자 하는 게 아니었을까요? 그분은 우리에게도 물으십니다. "정말 원하니? 지금까지의 부정적인 경험에도 불구하고 정말 그렇게 꼭 낫기를 원하니? 지금까지 익숙해진 구걸과 동정과 의존의 방식을 뿌리치고 정말 그렇게 낫기를 원하니? 그렇게 되리라고 믿니? 남 탓, 상황 탓 하다가 뭔가 좀 되는 거 같으면 행복하고 아니면 불행한 그런 인생이 아니라 정말 변화되기를 간절히 갈망하니?" 그래요. 어쩌면 믿음은 갈망에 정비례하는 건지도 모릅니다.

예수님은 억압된 갈망을 해방시키기 위해, 참 자유를 주시기 위해 오신 분이었습니다. 영성은 하나님이 주신 자유의지를 가지고 스스로 이 본능적인 거짓 마음의 기제에서 벗어나 하나님의 새로운 법으로 일치하기를 선택하는 여정입니다. 그러려면 먼저 하나님이 모든 인간에게 허락하신 자유의지를 구가할 수 있는, 선택과 출발에 대한 평등이 있어야 하겠지요. 인도에는 불가촉천민不可觸賤民, untouchable이라는 최하층의 신분이 있습니다. 하리잔Harijan이라고도 하는 이 계층은 브라만Brahman·크샤트리아Kshatriya·바이샤Vaisya·수드라Sudra 등의 4계급으로 나누어진 카스트 체제에 속하지 않는 제 5계급의 사람들을 일컫는 것입니다. 총 인구의 15%에 달하는 이들은 인도의 전역에 거주하며 청소·세탁·이발·도살 등 가장 힘들고 천한 일을 감당해 왔습니다. 지금은 어느 정도 완화되었지만 예전에 이들이 거리로 나가기 위해서는 방울을 달고, 빗자루를 뒤에 매달고 자기가 걸어간 길을 쓸면서 가야 했답니다. 부정하고 천한 사람이 지나가고 있다는 것을 알리고, 자신이 지나간 더러운 흔적을 지우기 위해서 말이지요. 마치 이스라엘 백성들 중에서 문둥병자들이 "부정하다, 부정하다" 하고 외치면서 자기가 가는 길을 알려야 했던 것처럼 말입니다. 이들은 무엇을 원하는 욕구조차 가질 수 없는 사람들이었지요. 그러나 인간은 어떤 상황에서든지, 무엇으로 태어나고 불리든지, 자신이 진정으로 원하는 것이 무엇인지 알고 선택하고 책임을 져야 할 권리가 있습니다.

그 권리는 나는 나 자신이 아닐 수도 있다는 의심으로부터 시작됩니다. 그렇습니다. 어쩌면 나는 내가 아닌 다른 그 무엇입니다! 내가 지금 원하는 것이 정말 원하는 것이 아닐 수도 있습니다. 그 원함은 아버지와 어머니의 투사投射나 한恨일수도 있고, 경쟁사회가 제공한 성취욕이나 경쟁에서 패배한 상처일 수도 있고, 시기심이나 열등감일 수도 있기 때문입니다. 혹은 의존감이나 게으름 때문에 정말 원하는 것을 회피할 수도 있지요. 38년 된 병자도 몸이 나아서 내 손과 발로 힘들여 일하는 것보다 목 좋은 곳에서 구걸하는 것이 더 편안할 수도 있지 않겠어요? 자고 일어나면 밥 먹고 돈을 벌어야 하니 직장을 가고 그렇게 다람쥐 쳇바퀴 돌듯 살면서 정말 내가 원하는 삶, 고귀하고 가치 있고 행복한 삶을 위해 용기를 내어 결단하는 것이 사실은 쉽지 않다는 것입니다. 그래서 많은 사람들이 이대로 '그냥 살면 되지' 하면서 자신의 영혼 깊은 곳에서는 무엇을 원하는지도 모르고 평생을 산다는 것입니다.

우리 삶에서 영성이 일어나는 첫 출발은 먼저 자신이 원하는 것이 무엇인지 알고 선택할 수 있는 자유와 해방에서부터 시작됩니다. 즉 자유는 내가 정말 원하는 것real want을 할 수 있는 것으로부터 시작된다는 것입니다. 따라서 영성으로 가는 길에서 가장 큰 장애는 결정론적 세계관에 갇혀 사는 인간의 억압 상태라고 할 수 있습니다. 먼저 사회적, 종교적으로 조건화된 관점과 상황에서 해방될 필요가 있어요. 우리의 삶은 자유롭기에는 너무나 거대한 필연으로 가득 차 있습니다. 태어날 때부터 우리는 선택의 여지가 극히 제한된 삶을 살았습니다. 이집트 노예로 살던 이스라엘 백성들은 몇 백 년 동안이나 노예생활을 하면서 아무도 자기가 자유롭게 선택할 수 있는 힘이 있다고 믿을 수 없었어요. 그들은 한번 태어나면 끝까지 그냥 그렇게 살아야 했어요. 종교는 사람이 가지고 있는 가장 자연스러운 것, 가장 원하는 것, 가장 자신 있는 것을 발견하게 해주고, 그것을 통해 하나님과 하나가 되도록 더 높은 차원, 더 거룩한 차원에 이르게 합니다.

정말 내 안에서 원하는 것이 무엇인지, 나를 살아가게 하는 힘이 무엇인지, 하나님 안에서 내가 살아간다는 것이 무엇인지를 잘 알아차려야 합니다. 그리고 그와 동시에 그 '원함' 안에 동전의 양면처럼 본능적으로 하나님의 속성과는 반대되는 것이 있다는 것을 알게 되면 그때부터 비로소 영성을 시작하는 출발선에 서게 됩니다. 즉, 비로소 인간이 자유의지를 가지고 신적 현존에 동참하게 된다는 것입니다. 죽어야 산다는 십자가의 비밀을 이해하고 하나님의 자유와 사랑에 동참하게 된다는 것입니다. 자유 없는 사랑은 불가능합니다. 우리가 신적 현존에 동참한다는 것은 십자가에 달리신 이 하나님의 비밀에 동참한다는 것입니다. 하나님은 존재 자체이시고, 하나님은 우리를 사랑하시되 자유를 존중하시며, 그 자유를 가지고 당신의 사랑 안에 동참하도록 초대하시는 것입니다. 우리의 자유로 거대한 하나님의 섭리를 향해 자신을 열 때, 인간 내면에서는 자기부정self-denial에 의해서 통합의 방향으로 승화가 일어납니다. 이때 영성가들은 새 하늘과 새 땅의 비전을 보고 자신이 이 세계에서 해야 할 일들, 존재의 이유, 소명의 자리Calling Locus를 알게 되었지요.

나답게
정직하게

▚ 살아있는 공동체는 구성원 모두가 자기다움을 유지하고 있습니다. 이 사야서에 나오는 천년왕국의 주인공들을 보니 젖먹이, 어린양, 이리, 독사, 사자 등 다양합니다. 그런데 이 등장인물 혹은 동물들을 보니 다 자기답게 생겼습니다. 이리가 양을 의식해서 양의 탈을 쓰고 있지 않습니다. 양이 힘이 센 척하면서 뿔을 이마에 달지 않습니다. 사자가 인기 관리를 하려고 날카로운 이빨을 뽑지 않습니다. 모두 자기다운 모습을 그대로 유지하고 있다는 것입니다.

모든 문제의 근원은 '남이 되려는 것'에 있습니다. 남이 정해 준 기준에 맞춰 자기 탓을 하면서 열등감에 시달리거나 남의 탓을 하면서 증오하고 환경을 탓하면서 불평을 합니다. 새우가 내 허리가 왜 이렇게 꼬부라졌 냐고 하면서 부모 탓 하는 것을 본 적이 있습니까? 하마가 내 덩치가 왜 이렇게 크냐고 하면서 날씬하게 해 달라고 분통을 터트리는 것을 상상할 수 있습니까? 이리가 날카로운 눈 때문에 인기가 없다고 어린 양의 눈매를 부러워하는 것을 본 적이 있습니까? 자연은 어느 것도 자기다움에 대해서 가장하거나 불평하지 않습니다. 유독 인간만이 다른 기준에 따라 불평하고 열등감을 가지고 슬퍼하고 좌절합니다.

선악과를 따 먹은 후 인간은 모든 삶의 문제를 자기 스스로 선택하고 옳고 그름을 판단해야 하는 짐을 지게 되었습니다. 그런데 아이러니컬하게도 자기가 판단주체가 되어서 결정을 해야 하는데, 이미 하나님을 떠난 인간은 그 지혜를 잃어버렸습니다. 판단의 짐은 지게 되었는데 능력은 없다는 것입니다. 그러자 다른 사람들과 의논하기 시작했습니다. 아담은 이제 하나님께 묻지 않고 하와에게 묻습니다. 하나님 없이 자기 자신과 다른 사람들의 합의를 가지고 옳고 그름을 결정하게 되었습니다. 자기가, 사람들의 의견이, 사회적 합의가 하나님의 자리를 대신하게 된 것이지요.

성경에는 죄인이기 때문에 하나님께 구원받은 사람들에 대한 이야기가 있습니다. 그러면 하나님께 가는 것을 방해하는 것이 무엇입니까? 하나님께 가기 어려운 사람들이 누구입니까? 바로 사회적 자아가 강한 사람들입니다. 나, 나와 너가 모여 우리, 우리가 모여 사회인데 이 사람들의 관심은 어떻게 하면 사회가 만들어 놓은 기준에 잘 맞춰서 살아가느냐 하는 것입니다. 남의 시선을 너무 많이 의식합니다. 남의 기준과 힘의 논리에 맞추어, 그것과 더불어 춤추는 자기 욕망에 맞추어 살아가는 사람들입니다. 잘되면 교만하고 안되면 불안합니다. 늘 초조합니다. 전전긍긍합니다. 그러한 삶이 성공적이면 성공적일수록, 하나님께서 비집고 들어가실 자리가 없습니다. 하나님이 필요가 없습니다.

바리새인들이 바로 그러한 사람들이었습니다. 복음서를 보면 바리새인들이 예수님을 시기해서 잡으려고 하는데 백성들이 따르니까 그것을 의식해서 잡지 못합니다. 사도행전에서는 제자들을 잡으려고 하는데 역시 백성들이 사도들을 따르니까 민란이 일어날까 무서워서 잡아들이지 못합니다. 반면에 사도들은 어떻습니까? 자기를 따라 다니는 사람들이나 박해하는 무리들을 의식해서가 아니라 언제나 하나님을 의식합니다. 예수님의 뜻을 정확히 알려고 애쓰고 확신하면 그대로 행합니다. 누가 주인이고 기준입니까?

자기가 아닌 다른 사람이 되어야 한다고 고집하는 것은 영성이 아닙니다. 그것은 우리가 우리 자신을 하나님보다 더 잘 안다고 말하는 것과 같은 것입니다. 그들은 자기가 만든 기준, 공동체가 규범으로 정하고 사람들의 시선 속에 규정된 틀을 성덕으로 정하고 그 규범에 자기가 맞다고 인정하면 '옳은 길을 가고 있다'고 만족합니다. 그러나 우리가 안주하는 형상을 만드는 그 순간 자유로운 성령의 바람은 우리를 떠나버립니다. 하나님은 우리가 우리 자신이 되기를 원하십니다. 남의 삶을 살면서 어떻게 완덕에 이르기를 바라겠습니까? 우리의 자존심을 지키기 위해 만들어 낸 수많은 가면과 방어수단을 벗지 않으면 아무도 자기 자신에게 이를 수 없습니다.

아킬레스건 다루기

행복한 삶을 살아가기 위해서는 수덕의 과정이 필요합니다. 그러나 그 수련이 단점과 부족한 점을 제거하는 금욕으로 점철될 필요는 없습니다. 더 훌륭한 태도는 우리에게 꼭 맞게 운영하시는 하나님의 교육과정을 신뢰하며 그것들을 잘 다루며 가는 것입니다. 안셀름 그린 Anselm Gruen은 어떤 고매한 규칙이나 규범을 정해놓고 지키는 영성을 '위로부터의 영성'이라고 설명했습니다. 위로부터의 영성은 선善이라고 규정한 모범적 잣대에 맞추어서 삶을 재단하는 겁니다. 늘이거나 혹은 잘라 내거나…. 흔히 우리는 '무엇을 해야 한다' 혹은 '무엇을 버려야 한다', '하지 말아야 한다'는 도식으로부터 영성을 시작합니다. '사랑해야 한다', '화를 내지 말아야 한다', '용서하라' 등등. 그러나 사람들이 어떤 규격으로 만들어 놓은 선과 악은 지혜의 나무와 같아서, 마음이 항상 그 규칙에 사로잡혀서 전전긍긍하게 되면 그것은 생명의 능력이 아니라 지혜의 노예가 되고 맙니다. 그것은 나 뿐만 아니라 늘 남을 판단하는 잣대로 작용하지요. 규칙 자체가 우리 안에 계신 생명의 영이 가진 능력을 대신할 수는 없습니다.

하나님은 우리 각자에게 꼭 맞는 맞춤 영성을 허락해 주셨습니다. 만일 각자의 상황이나 개인적인 차이의 다양성과 관계없이 우리가 해야 할 규범이 이미 정해져 있다면, 결과적으로 '나'와 '사회적 혹은 종교적 규범'이 삶의 중심이 될 수밖에 없습니다. 나와 규범! 안되면 좌절이고 잘되면 오만해지죠. 안되면 영성이 부족한 것이고 잘되면 자신이 하나님이나 되는양 등극하는 거죠.

규범이 원래 의도했던 것은 우리 삶의 주인이 누구인가, 그분이 창조하신 원래의 나는 누구인가를 점점 명확하게 알아가게 하는 것입니다. 그분의 은총이 우리 삶의 구체적 정황에 스며들기 위해 필요했던 거죠. 그러나 규범이 많아지면 원래의 의도를 잃어버리고 죄의식을 강화하거나 의

지력을 강화하는 방식으로 흐르게 됩니다. 만일 우리가 적극적인 정면공격으로 이러한 에너지들을 제거하려고 한다면, 무의식 중에 우리는 자신이 제거하려고 하는 것과 동일한 사유과정과 가정들을 사용하게 될 것입니다. 우리가 지배욕을 제거하기 위해 지배해야 한다면, 우리는 더 많은 지배욕을 만들어 낼 것입니다. 안전욕구를 제거하면서 안전하려고 한다면 더 많은 안전욕구를 만들어 낼 것입니다. 존경받으려는 욕구를 제거하면서 존경심을 확보해야 한다면 존경받으려는 욕구를 더 많이 만들어낼 것입니다. 그리스도께 책망을 들었던 바리새인들처럼 말이죠!

진정으로 있는 그대로의 자기 자신과 벌거벗고 대면하고 화해하지 못할 때 우리는 자기 내면에 숨어있는 어두운 그림자들을 외부로 투사하게 됩니다. 그들은 깨진 안경을 쓰고 자기 안에 숨어 있는 악마적인 것들을 이웃에게 투사하며 남을 판단하고 정죄하게 됩니다. 자기 안의 가난과 화해하지 못한 사람은 다른 사람의 실패와 가난과 고통에 대해 냉정합니다. 자기 안에 숨어있는 어린아이와 함께 놀아보지 못한 사람은 다른 사람의 순진성과 단순함을 합리나 실용의 이름으로 무시하고 이용합니다. 자기 안의 성욕과 쾌락의 욕구와 화해하지 못한 사람은 다른 사람을 순결의 이름으로 정죄하면서 부정적인 의미로 금욕적이거나 위선적인 삶을 살게 됩니다. 오늘날 많은 하나님의 사역자들이 교리나 경직된 신학이나 합리적 이성의 벽에 가려 종교적 편견으로 남을 판단하고 용서하지 못하는 삶을 살아가고 있습니다.

그래서 참다운 영성은 아래로부터, 철저한 자기 이해와 약함으로부터 시작됩니다. 또한 그렇기 때문에 역설적으로 위로부터 내려오는 '하나님의 은총'과 만납니다. 아래로부터의 영성은 철저하게 우리 자신의 내면으로부터, 우리의 욕정으로부터 영성생활을 시작해야 은총을 알게 된다고 가르칩니다. 인간의 한계와 하나님의 은총! 사막교부 에바그리우스 Evagrius Ponticus는 "하나님을 알려면 먼저 네 자신을 알라"고 하였지요. 자기를 잘 아는 사람, 특별히 자신의 아킬레스건을 정확하게 알고 있는 사람은 겸손하게 자신의 삶에 하나님의 현존을 드러낼 수 있습니다.

어렸을 때 보았던 재미있는 만화가 기억납니다. 어린 무사가 있었습니다. 전쟁통에 부모님을 잃고 고아원을 전전하다가 고승에게 맡겨졌습니다. 스승은 이 어린 소년을 무사로 키우기로 작정하고 여러 가지 훈련을 시킵니다. 어느 날 스승이 소년을 부릅니다. "자, 이제는 물위로 걷는 훈련을 해 보자." 소년이 놀라서 묻습니다. "네? 어떻게요?" "한 발이 물에 가라앉기 전에 다른 발을 떼는 것이다." 소년은 집중에 집중을 더하는 호된 훈련 끝에 드디어 이 황당해 보이는 일을 수행하기에 이르렀습니다.

그런데 잘 하다가도 세 가지 경우에 이르면 꼭 물에 빠지게 됩니다. 첫 번째는 소년이 좋아하는 눈깔사탕이 눈앞에 보일 때, 두 번째는 좋아하는 소녀가 눈앞에 아른거릴 때, 세 번째는 돌아가신 부모님이 떠올라 마음을 아프게 할 때. 이 세 가지 경우는 소년에게 아킬레스건과 같은 역할을 하였는데, 그럴 때마다 물에 빠져서 거머리에게 물리거나 발을 다치거나 하는 아픔을 겪습니다. 하지만 호된 꾸중도 들어가며 고된 훈련을 받은 결과 마침내 어떤 경우에도 흔들림 없이 맑고 밝은 마음으로 물위를 걷게 되었습니다. 좋아하는 사탕이나 소녀를 보면서도 물위로 걷는 것을 잘 할 수 있게 되었을 때, 부모님을 잃은 아픔이나 슬픔이 있어도 물위로 걷는 것이 방해받지 않게 되었을 때, 소년은 바다로 나가서 걷는 훈련을 하게 되었어요. 바다는 저수지와는 달리 풍랑도 치고 상어도 있고 물살도

거셌지만 오히려 그 파도를 즐기면서 물위에 떠 있는 고수가 되었다는 내용이었지요.

안셀름 그륀의 말처럼 아래로부터의 영성은 우리의 상처 속에서 영혼 깊숙이 숨어 있는 보물을 찾아내는 것입니다. 어쩌면 연약함과 나약함이, 인간이 되어 이 땅에 오신 하나님과 더욱 가까이 할 수 있는 길인지도 모르겠습니다. 상처받고 부서진 바로 그 자리, 우리가 난감해하는 단점과 아킬레스건이 자만하지 않고 살아갈 수 있는 보물일지도 모릅니다.

동굴의 안내자

▌하나님은 그분께 이르는 보화를 숨겨 두셨습니다. 그분이 주신 새로운 계약은 돌이나 나무판이 아닌 '마음판'에 새겨진 것이어서 부서지거나 깨어지지 않는 대신 쉽게 보이지는 않았습니다. 그래서 많은 영성가들은 하나님께 나아가는 길이 자기의 마음을 살피는 것이라고 알아차렸던 것입니다. 들여다보고 또 들여다보면 진리는 진리 스스로를 드러내게 되어 있기 때문입니다. 그러나 그 마음 성찰이 그리 쉽지는 않습니다.

프로이트의 성찰에 힘입어 사람들은 우리의 마음이 그리 단순하고 순진하지만은 않다는 것을 깨달았지요. 이 세계에서 살아가는 오만 가지 원리가 사실은 우리 내면에 다 들어있다는 것을, 그 안을 잘 들여다보면 우리 자신이 바로 이 세상 잡사의 근원이며 괴물이라는 것을 알게 되었다는 겁니다.

위대한 신앙의 영웅들은 어둔 밤을 통과하면서 바로 이 괴물이 사는 내면의 동굴에 도달한 사람들이었습니다. 영적인 문제를 말한다는 것은 항상 먹을 것, 입을 것, 살 곳, 자식들, 재물 등의 일상적 경험 이상을 의미하는 것이기 때문에 정신적 모험을 해 본 사람이 아니면 해답을 주기 어려운 것입니다. 그들은 보통 사람들은 이해할 수 없거나 사람들이 말리는 길을 간 흔적이 있는 사람이지요. 그들은 군중들이 가는 쉬운 길을 제쳐놓고 실제로 어떤 계시적 열망을 가지고 자기 길을 가면서 그 괴물과 싸워 이겨 보화를 찾아 낸 사람입니다. 그렇기 때문에 멘토를 가까이 한다는 것은 그들이 찾아 낸 동굴에 실을 늘여놓고 그 실만 따라 가는 것처럼 쉬운 지름길을 찾았다는 겁니다. 그래요. 우리의 어두운 내면을 탐험하기 위해서는 동굴의 안내자가 필요합니다.

그러나 그렇다고 해서 멘토의 경험을 자신에게 그대로 적용하라는 뜻은 아닙니다. 그들이 우리에게 유용한 것은 각자가 자기 내면에서 울리는 소리를 알아듣고 자신의 영혼이 부르는 대로 살아갈 수 있도록 돕는 사람들이기 때문이죠. 참된 스승이란 지식이나 자기 경험을 전달하는 사람이 아닙니다. 오히려 각자가 하나님의 부르심을 받았으며 스스로 자신을 이해할 수 있는 능력을 갖추었다는 것을, '자기 운명의 실은 자신이 풀어낼 힘이 있다'는 것을 믿어주는 사람이죠. 어떤 의미에서 그는 하나님과 각 사람을 연결시켜주는 매개자라고 할 수 있어요. 즉, 주도권은 멘토가 아니라 하나님과 관계 맺는 각 개인에게 있으며, 멘토는 개인이 하나님과 관계를 맺을 수 있도록, 세계를 향해 힘차게 나아가도록 인도하는 사람이라는 것입니다.

따라서 멘토의 역할 중에 가장 중요한 것은 하나님이 각 개인을 창조하신 원래의 축복의 자리를 찾아주는 것입니다. 그 길을 발견하기만 하면 그는 창세 때부터 자기를 기다리던 길로 들어서게 되는 거죠. 그러기 위해서는 내면의 성찰과 함께 그를 지금까지 형성시킨 조건화의 구조를 분석해 주어야 합니다. 대부분의 사람들이 이런저런 이유로 자기가 가진 원래 능력의 3%도 발휘하지 못하고 이 세상을 마감합니다. 그러니 그 길을 발견하기까지 어떤 의미에서는 사회화의 약물에 중독된 조건화의 베일을 계속 벗겨줘야 합니다. 이 과정에는 그야말로 온 세상이 뭐라고 하던 모두가 "예!" 할 때 "아니오!" 하는 부정의 훈련을 받도록 해야 하는 거죠. 이때 지도자가 아첨을 하고 사탕발린 소리만 하면 훈련을 받는 사람들은 영영 곁길에 머물게 됩니다.

원래 자기가 창조된 그 길을 발견한 순간부터는 어떤 일이 있어도 그 자리를 버티고 서 있으면서 적극적으로 하나님의 교육과정에 따라 훈련을 받게 해야 합니다. 언제든지 어떤 방식으로든지 하나님이 길을 여실 것이라고 용기를 주고 위로도 해가면서 세상을 향해서 자꾸 나가도록 해야 합니다. 이 모든 과정에 하나님이 적극적으로 개입하시는데, 꿈이나 환상, 말씀, 기도 중에 받은 영감 등이 포함되기도 합니다. 이 때 중요한 것이 바로 식별입니다. 멘토란 바로 이 세밀한 과정을 '자기 삶'의 시행착오를 통해 알아낸 사람입니다. 그리고 그러한 여행을 통해 그려 낸 맵핑mapping을 통해서 스스로 그 길을 갈 수 있도록, 미궁의 낯선 위험을 감수하지 않아도 갈 수 있도록 돕는 사람인거죠.

가장 좋은 방법은 자기와 코드가 맞고 소명의 방향이 맞는 멘토와 함께 살아보고 일해보는 겁니다. 멘토를 모방하라는 뜻이 절대 아닙니다. 모방을 하게 되면 생생하게 살아 움직이는 그 무엇이 또 다시 윤리나 도식적 규범으로 떨어지니까요. 다만 제자는 스승 앞에서 신뢰와 사랑을 가지고 자기를 아주 구체적으로 드러내는 관계가 되어야 합니다. 좋은 스승은 제자에게 무엇인가를 지시하고 규범을 만들어 주는 사람이 아니라, 그가 하는 모습을 가만히 보면서 그 제자에게 하나님이 원래 예정한 것이 무엇인지, 그가 가진 가능성이 무엇인지, 그를 움직이는 가장 어울리는 바퀴가 무엇인지를 발견해 주는 사람이지요. 제자가 그 자리에 도달하기만 하면 잠재력이 극대화되며 창조적이고 직관적인 사고가 열리고 삶의 문제가 풀리는 축복의 열쇠를 가지게 되니 얼마나 좋겠어요. 그런데 이러한 관계는 예민한 장애거리를 구체적인 삶에서 진단해주는 과정을 통해서만 이루어지는 것이니, 그 예민함을 견딜 수 있는 신뢰와 사랑이 필요하다는 것입니다. 중요한 것은 기도하며 내게 맞는 영적 멘토를 찾아 나서는 것입니다!

바라보라

존재의 시선. 소유의 시선.

꼭두각시. 인형의. 춤.

울순이. 화순이. 허순이.

멧돼지. 길들이기.

말씀이. 내. 안에.

존재의 시선, 소유의 시선

▎앤소니 드 멜로 Anthony de Mello의 예화입니다. 어떤 제자가 스승에게 와서 물었습니다. "어떻게 하면 하나님을 뵐 수 있을까요?" 스승이 말합니다. "그냥 있는 그대로 보면 된다." 제자가 다시 묻습니다. "아무리 보려고 해도 안 보이던데요?" "자, 저 달을 봐라, 무엇으로 보이냐? 네가 저 달을 있는 그대로 달로만 보게 될 때, 너는 진실로 달을 보게 될 것이다"라고 말합니다. 어떤 사람은 달을 보면서 '참 동그란 것이 빵같이 생겼다' 하면서 빵을 마음에 안고 달을 바라봅니다. 또 어떤 사람은 '저 뽀얀 둥근 모습이 우리 애인 얼굴 닮았다' 하면서 자기 애인을 마음에 안고 달을 봅니다. 또 피부에 관심이 많은 사람은 달을 보면서 '보기는 저래도 분화구가 굉장히 많아' 하며 자기 피부를 생각하면서 봅니다. 또 어떤 사람은 '저

기 토끼 두 마리가 있다던데 저게 진짜 토끼 모양일까? 절구는 있을까 없을까?' 이런 것을 생각하면서 봅니다. 이처럼 우리는 우리가 생각하는 대로, 마음에 있는 대로 사물을 보게 되어 있다는 것이지요.

그렇습니다. 우리가 하나님을 보지 못하는 것도 우리 마음에 뭔가가 가득 차 있기 때문입니다. 우리 주변에 있는 것들은 인력의 법칙을 가지고 있어요. 우리가 끌어당기면 서로 끌리게 되어 있습니다. 우리 안에 얼마나 많은 것들이 하나님을 가리는 것들을 끌어당기고 있는지 모릅니다. 우리 안에는 두려움도 있고, 분노도 있고, 질투도 있고, 아집도 있습니다. 우리 안에 있는 것만으로 끝났으면 좋겠는데 부모나 선조 때의 유전자까지도 있습니다. 그래서 우리는 하나님을 보기가 어렵다는 것입니다.

"강촌에 온갖 꽃이 먼 빛에 더욱 좋다." 이어령 교수의 표현입니다. 강촌에 봄이 왔어요. 강을 따라서 온갖 꽃이 피어 있습니다. 배를 타고 가는데, 저쪽 강둑에 꽃이 피어 있는 것을 보니까, 아주 멀리 보입니다. 강가에 있으면 '어머 너무 예쁘구나' 하면서 꺾을 수 있을 테지만, '멀리서 보니까 더욱 좋다'는 것입니다. 그리고 다음과 같은 비유를 했어요. 이렇게 강둑에 피어있는 꽃을 보는 데에는 두 가지 시선이 있다는 것입니다. 배를 타고 가면서 구경꾼의 눈으로 바라보는 시선과 도끼를 들고 헤매는 나무꾼의 시선입니다. 나무꾼은 목재를 찾으려는 분명한 욕망이 있습니다. 그래서 늘 도끼를 들고 다닙니다. 찍어서 소유하려고요. 우리한테 욕심이 있으면 우리는 도끼를 들고 다니는 것입니다. 찍어서 내가 원하는 것을 얻어야 하니까요. 그래서 '존재의 시선과 파괴의 시선'이 다르다는 것입니다. 나무꾼은 소유하기 위해 나무와 풀과 사물들을 집중해서 노려보지만, 구경꾼은 물끄러미 아무 욕심 없이 존재를 꿰뚫고 바라보니까요. 우리의 내면을 바라보고, 우리 안에 계신 그리스도를 바라보는 것 역시 이러한 시선과 연관이 있습니다.

욥이 많은 고난을 겪고 나서 이렇게 말합니다. "내가 처음에는 귀로 들었는데, 이제는 하나님을 비로소 봅니다." 마음이 청결한 자는 하나님을 볼 것입니다. 우리 마음에 욕망과 쓴 뿌리와 장악욕과 아집과 인정받고 싶은 욕구와 두려움과 분노와 좌절감이 있을 때, 그것은 강력한 끌개가 되어서 도끼를 들고 하나님을 찾아다니게 하는 것입니다. 그리고 하나님을 조각냅니다. 내 뜻에 맞게 하나님을 재단하고 표적으로 삼으려고요. 내가 동일시하면서 소유로 삼으려는 욕구에 맞추어서 시선이 고정되었다는 것입니다. 그래서 사람들의 기대나 요구, 칭찬이나 인정, 기준과 평가들이 우리에게 영향을 미치지 못하고 더 이상 우리 자신과 동일시하지 못하도록 해방될 때, 존재의 시선을 갖게 됩니다. 이 말은 모든 일에 무감각해지고 무덤덤해지라는 얘기가 아닙니다. 우리는 그리스도의 십자가로 인해 세상에 대해 죽었습니다. 이것은 우리가 세상과의 비동일시를 통해서 칭찬이나 비난, 소유에 좌우되지 않을 때만 비로소 존재의 시선으로 살 수 있다는 것입니다.

꼭두각시 인형의 춤

존재의 시선을 유지하기 위해서는 성찰이 필요합니다. 그러나 그렇다고 늘 존재인지 소유인지 따지고 판단하고 제거하기 위해 애쓰라는 말은 아닙니다. 자신을 성찰한다는 것은 윤리적 도식이나 자기가 지금까지 경험해 온 판단을 계속 들이대는 행위가 아닙니다. 오히려 자기가 익숙하게 생각해 온 것들, 마음에 익은 경험들을 낯선 대상을 보듯이 뚝 떨어져서 관찰한다는 뜻이지요. 멈추고 성찰하는 시간을 통해 자신이 꼭두각시 인형처럼 춤추고 있었다는 것을 이해하는 것입니다. 파스칼 B. Pascal은 오늘날 인간의 비참함은 하나님이 개입하실 고독의 공간을 견뎌내지 못하고 이 사람 저 사람, 이 일 저 일로 뛰어다니는 것에서 온다고 간파한 바 있습니다. 그러니 태엽을 감는 대로 춤추던 꼭두각시 노릇을 멈춰야 합니다. 분주한 삶을 멈추고 삶에 자극이 올 때마다 드러나는 메커니즘, 우리를 규정하고 있는 습관과 우리를 구속하고 있는 자신의 성격을 관찰하고 벗어나는 능력을 배워야 하는 것입니다.

그러나 섣불리 바꾸려 하지 마십시오. 바꾸려는 기준조차도 이미 '조건화' 된 것입니다. 우선 멈추십시오. 우리 내면에는 의식적으로든 무의식적으로든 이미 어떤 평가의 기준이 자동으로 프로그래밍 되어있습니다. 즉, 우리 안에서 무엇인가 고쳐져야 된다고 생각하는 것, 다른 부분에 비해 어떤 부분이 강화되어 있는 것, 더 열심히 노력해야 할 영역, 유익하거나 쓸모없다고 여겨지는 영역 등이 고정관념으로 형성되어 있다는 것입니다.

소위 우리가 훌륭하다고 말하는 삶을 구성하는 내용이 무엇입니까? 우리가 이미 사고하기도 전에 우리의 기억과 감정과 경험을 구성해 놓은 것들, 우리의 문화, 선조들, 개인무의식과 집단무의식이라고 부르는 것들이 아닙니까? 그분의 은총으로 기억과 감정과 의지의 정화가 일어나기까지 우리의 행동은 우리의 욕구와 사회적 자아가 만들어낸 꼭두각시 인형이 자동으로 움직이는 춤일 뿐입니다. 우리의 지각은 이미 왜곡되어 있어서 우리가 무언가를 사고하기도 전에 자동반응으로 모든 것을 자의적으로 판단하게 되어 있다는 것을 알아차려야 한다는 겁니다. 자기욕구의 투사에 불과하다는 것이지요. 명료하게 보고 정확하게 행동하기란 어차피 어렵다고 확실하게 경험적이고 구체적으로 알아야 한다는 겁니다. 사회화되고 종교화된 껍데기들이 우리를 구성하는 요인이 되어 버렸고 그것들이 우리의 욕구와 상호작용을 하면서 감정들을 불러일으키고 있다는 사실을 말이지요.

그러니 우리의 판단이 늘 옳겠습니까? 아니죠. 그 판단의 확실성이라는 것이 실은 어떤 식으로든 자신이 옳다는 근거를 통해 '정당화' 되기 마련이라는 것을 경계해야 하는 거죠. '하나님의 사랑'으로 사랑한다고요? 아니죠. 그 사랑은 신의 속성이 아니라 알게 모르게 인간이 사랑받고 인정받고 사랑을 통해 안정을 누리려는 욕망을 신에게 투사한 것이죠. 무언가 옳은 일을 하고 있다고요? 아니죠. 그것이 선한 일이라고 이미 자아가 의식하면서 일을 하고 있죠. 이미 보상을 받은 거죠. 결국 영성은 우리 스스로는 아무 것도 할 수 없다는 철저한 자각에서부터 시작된다는 겁니다. 그것이 겉으로 보기에 아무리 옳고 그럴 듯해 보이는 것들이라고 할지라도요! 옳고 그름을 정하는 우리의 판단, 다른 사람을 사랑한다는 사랑의 감정, 도덕적이고 선한 행위를 할 수 있다는 의지…. 우리가 그런 일들을 '스스로' 할 수 없다는 겁니다.

성찰은 무의식적으로라도 자아의 욕구를 절대시하지 않나 살피는 것입니다. 명예, 돈, 성공, 인기 등의 세속적 욕구로부터 다른 사람들에게 더 좋고 거룩하게 보이기 위해 하나님을 이용하려는 영적 욕구까지 다 여기에 해당됩니다. 칼 융C. G. Jung은 특별히 거짓 자아가 제공하는 영적 환상들에 대해 지적하였습니다. '나는 예수님처럼 혼자 진리에 서 있기 때문에 고난 받고 이해받지 못하고 있다'고 하는 순교자상, '오직 나만이 용기 있게 진리를 말한다'고 하는 예언자상, '내가 아니면 저 사람의 문제가 해결되지 않는다'고 하는 메시아상과의 동일시에 대해 말하면서, 그 이면에는 하나님과 같아지려고 하거나 특별한 사람이 되려고 하는 교만이 숨어 있다고 비평했습니다.

우리의 문화와 교육과 종교는 우리에게 자기 자신이 되기보다는 문화적, 사회적으로 되라고 강요합니다. 그 기준에 맞추어 사회적으로 성공하고 돈을 벌고 명예를 얻으면 행복하게 살 수 있다고 믿게 만든다는 것이지요. 즉, 우리는 사회화된 규격에 맞추어 발이 잘리고 목과 머리를 늘이는 고통을 겪는 가운데 '조건화' 되었다는 것입니다. 그러나 진리는 '우리는 자유롭고 있는 그대로, 원래 창조된 자기 자신이어도 된다' 고 가르칩니다. 물론 우리에게 해가 되는 여러 가지 행동방식이나 중독, 파괴적 관계나 범죄 등을 그대로 지속해야 된다고 말하는 것이 아닙니다. 그러한 행동을 하게 하는 원인과 규범을 알아차림으로써 '그 자신이 되게 하는 힘' 에 의해, 초월적 타자이신 '하나님에 의해' 변화가 일어나도록 기다린다는 것입니다. 그런 다음에 행동해야 한다는 것입니다.

따라서 사막교부 에바그리우스 Evagrius Ponticus는 우리의 생각과 감정을 마치 내가 남이나 되듯이 객관적으로 관찰하라고 권합니다. "어떤 이가 자신의 체험에서 악령들을 알아보고 다룰 줄 아는 기법을 터득하고자 한다면 나는 그가 자신의 생각과 감정을 잘 관찰할 것을 권고한다. 그것이 언제 생겼다가 사라지는지, 언제 약해지는지, 그 강도를 눈여겨보며 얼마나 규칙적으로 반복하며 나타나는지, 어떤 생각이 앞의 생각에 뒤따라

오는지, 어떤 상황에서 주로 나타나는지 관찰해야 한다. 그러고 나서 자신이 관찰한 것을 그리스도께서 모두 설명해 주시기를 간청해야 한다. 악령들은 누구보다도 이런 통찰로 무장되어 덕행을 실천하는 이에게 약하다."

성찰의 시간은 우리가 변하기 위해 무언가를 '할' 필요가 없다는 것을 가르쳐 줍니다. 그렇게 하고 있는 한 아직도 여전히 행위를 하는 주체가 '나'에게 있다는 것을 알아차려야 합니다. '그대로 멈춰라!' 멈추어 서서 기다려야 합니다. 내가 아닌 무언가가, 더 큰 자유와 사랑이 내면에서 밀려 올 때까지 견뎌야 합니다. 그분이 말씀하실 때까지, 그분이 행동의 지침을 알려주실 때까지….

성찰은 그분의 은혜를 기다리는 시간이지 자기가 생각하는 기존의 어떤 이상에 맞추고 이러저러한 일을 해야만 한다고 계획하는 시간이 아닙니다. 혹은 규칙에 다시금 도전해서 결단을 하고 수행을 하는 그런 것이 아닙니다. 그런 것들은 잠시 행동을 변하게 하는 것 같지만 근본적인 마음, 존재가 변하지 않은 것은 반드시 다른 방향으로 자기를 왜곡하는 것입니다. 성공하면 더 위험합니다. 그것이 자기의自己義가 되어서 모든 사람의 삶에 들이대는 테러용 잣대가 될 것이니까요. 해야만 한다고 혹은 했었어야 했다고 자기에게 요구하거나 억압하지도 마십시오. 이상과 비전은 미래의 당위에 초점을 맞추는 것이지, 현실이 진실로 어떠한지를 분명하게 통찰해 내지를 못합니다. 오지도 않은 미래 때문에 삶이 희생당하고 있는 거죠. 언제나 미흡하고 언제나 무언가를 향해 밀어붙여야만 합니다. 그러나 현실은 이미 우리 안에 존재하고 있고 스스로 일어나고 있는 중입니다. 억지를 쓰는 그 노력을 그치면 모든 일이 스스로 시작되고 있다는 것을 볼 수 있는 거죠. 이미 배는 물살을 가르며 항해를 하고 있고 우리는 다만 흐르는 물살 위를 따라 흐르는 배에 몸을 싣고 가면 되는 겁니다.

울순이, 화순이, 허순이

▸이제 곰곰이 마음을 들여다보세요. 다른 사람이 아니라 바로 나 자신을 말입니다. 우리 모두는 언제, 어디서, 어떻게 라는 구체적이고 유일한 삶을 살아온 독특한 인간입니다. 우리 모두는 다릅니다. 그래서 중독된 형태도, 아픔의 경향도 다 다르지요. 우리가 태어나자마자 겪은 사회화의 약물은 칭찬, 인정, 주목, 지배, 통제, 안정에 대한 욕구를 통해 우리에게 계속 주사된 거죠. 거기에 맛들이고 모두가 거기에 미쳐서 돌아가는 동안, 칭찬받고 주목받고 성공하고 언론에 소개되고 돈을 많이 벌고 지배하고 우두머리가 되는 동안 사회가 요구하는 춤만을 추게 된 거죠. 우리 또한 사회화의 한 희생물인 것입니다.

그러니 자신에게 장애를 일으키는 그곳이 우리가 성장해야 할 독특한 장소입니다. 경직된 곳, 저항과 분노와 슬픔을 일으키는 그곳, 충돌하고 상처 입는 그곳을 잘 들여다보아야 합니다. 왜 아이에게 화가 난거죠? 그 애가 내가 생각한 대로 커야만 모두가 행복해질 거라고 생각했기 때문이죠. 왜 나를 채용하지 않는 학교에 화가 난거죠? 실력이 통하지 않는 사회라고 분노했지만 실은 교수가 되어서 어떤 지위와 명예를 가지게 되면 행복할 거라고 생각한 거죠. 거기서부터 '나의 존재'와 '나의 소유'가 구분되기 시작하는 겁니다. 원래 하나가 아니었지만 수많은 조건화와 사회화를 거쳐 완전히 내가 되어 버린 그 껍데기들과 동일시된 자기를 직면하고 바라보고 구분하는 것은 밀착된 세월의 두께가 크면 클수록, 신념과 감정이 실리면 실릴수록 많은 시간이 필요하겠죠. 거기에는 그분이 우리에게 주신 고통도 유익이 되겠죠.

우리의 판단이나 확신 뿐 아니라 감정도 살펴보세요. '아! 내가 화를 내고 있구나, 우울한 감정을 느끼고 있구나.' 마치 텔레비전을 보면서 다른 사물이나 사람을 관찰하듯이 말입니다. '나는 우울해.' 아니죠. 우울해 하는 것이 나 자체가 아니죠. 우울한 나에게 다른 이름을 붙여주는 겁니다. 울순이가 우울을 체험하고 있구나. 마치 내가 나의 몸을 나와서 물 끄러미 보듯이 바라보는 것입니다. 내가 아닌 우울덩어리의 한 사람을 쳐다보면서 울순이가 우울을 겪고 있구나. 저기 우울이 있구나. 화순이가 분노를 느끼고 있구나. 저기 화가 있구나. 음…. 강도가 높군. 8정도는 되겠는걸? 그러나 그것이 나 자체는 아니다. 다만 우울을 체험하며 느끼는 것일 뿐. 조금 있으면 우울이 지나가겠지. 조금 지나면 화가 지나가겠지. 물이 쉼 없이 흐르듯이 그렇게 그 감정도 흘러가겠지. 삶이 흘러가면 그렇게 그 감정들도 흘러가겠지…. 누군가를 싫어하고 있구나. 그 일을 지긋지긋해 하고 있구나. 누가 떠날까봐 두려워하고 있구나. 인정받고 싶어서 자랑하고 싶어 하는구나…. 보는 거죠. 그냥 그렇게…. 그리고 그 감정과 나를 점점 더 명확하게 분리해 주는 겁니다. 나는 나다, 싫음이 아니다. 나는 나다, 분노가 아니다. 나는 나다, 우울이 아니다. 나는 나다, 두려움이 아니다. 나는 나다, 오만이 아니다. 꿰뚫어 보고 통찰하고….

그러나 여기에 머무른다면 또 다시 자기 수행이 되어버립니다. 이제부터가 중요합니다. 분리되고 발가 벗겨진 그 감정들을 통째로 하나님께 맡기는 겁니다. 십자가에 의탁하는 겁니다. 그분께 드리고 맡기고 그분을 신뢰하면서…. 저는 이렇게 기도 아닌 기도를 하죠. "아버지, 허순이가 공허해 하고 있습니다. 집착과 소유욕을 버리고 난 그 자리가 허전해서 쓸쓸해하고 있습니다. 그러나 그 허전함과 공허감이 저는 아닙니다. 저는 저입니다. 저는 당신이 수고해서 창조한 아름다운 작품입니다. 이렇게 쓸쓸하고 아픈 감정들이 제게 오는 것을 환영합니다. 감사드립니다. 당신의 교육 과정 안에 이 모든 것이 있다는 것을 믿고 진심으로 감사드립니다. 초라한 저를 불쌍히 여기시고 아름답게 만들어 주십시오. 그 빈자리를 비워두지 마시고 당신의 사랑으로 넘치는 지혜로 채워주십시오. 아낌없이 조건 없이 있는 그대로 사물과 사람을 보고 사랑하기를 원합니다. 그러나 제게 그럴 능력이 없습니다. 당신의 능력을, 당신의 임재를 기다립니다." 그렇게 그분께 감사하며 맡긴 감정들은 연기처럼 날아가게 됩니다. 관찰의 효과는 승화에 있죠. 포기하거나 부정하지 말고, 억압하거나 정죄하거나 제거하려고 하지 말고 말입니다. 내가 그것들과 싸워서 이길 수 있다고 생각하면서 다루면 더 교묘한 방식으로 매이고 강화되는 경향이 있거든요.

자기에게 의를 행할 힘이 있다고 스스로를 통제하고, 그런 감정들을 제거할 힘이 있다고 생각하면서 자기부정을 목표로 밀어 붙이지 마세요. 그 부정적인 감정들은 숨어서 전투력을 기르거나 혹은 잘 되어도 자기 의만 강화되죠. 혹은 무기력하게 자기 안으로 고립되거나…. 우리는 스스로 성자가 될 힘이 없거든요. 다만 믿음으로 그 길을 가는 것일 뿐. 이래도 저래도 우리에겐 그럴 힘이 없다는 것, 그 사실만 그렇게 뼈저리게 깨달아 가는 것이지요. 오직 은총, 오직 주님의 은혜!! 다만 오랫동안 내 몸의 일부처럼 되어버린 그것들과 대화하고 이해해주고 바라봐 주는 겁니다. 그리고 그분께 맡기고 신뢰하고 기다리세요. 그러면서 내게 주어진 일을 하는 거죠. 지금 여기를 그렇게…. 그리고 그분이 오시면 우리는 전혀 다른 새로운 피조물이 되는 거죠. 그분 안에서 그분을 통해서….

그러니 괜찮아요. 자신에게 미소 지어 주세요. 그분은 우리를 너무나 잘 아시고 계시니 또 다른 교육과정을 삶에 준비해 두셨을 거예요. 우리는 지금 여기 내게 주어진 과제를 할 수 있는 만큼만 최선을 다하면 된답니다.

멧돼지 길들이기

내면 바라보기에서 가장 길들이기 어려운 것은 '화'입니다. 한번은 무척 화가 나는 일이 있었습니다. 짜증과 분노가 솟구쳐 올라 '어쩜 그럴 수가 있지?' 하는 생각이 들고, 뜨거운 감정을 어떻게 할 수가 없었습니다. 잠시 감정을 멈추고 화가 난 이유를 생각하며 "주여, 나를 불쌍히 여기소서"를 한참동안 묵상했습니다. 들숨과 날숨을 의식하면서 꽤 오랫동안 내 마음을 들여다 본 후에야 저는 처음 화가 난 상태에서 했던 것과는 다른 선택을 할 수 있었습니다.

노신은 조화석습朝花夕拾이라고 하였습니다. 어떤 자극이 왔을 때 즉각적으로 반응하지 않고 아침에 떨어진 꽃을 저녁까지 기다린 다음에 줍는 것처럼 여백을 두고 매듭짓는 것이 현명하다는 것입니다. 인간이 동물과 다른 것은 자극과 반응 사이에 영원과 미래를 결정짓는 카이로스의 시간을 허용한다는 것입니다. 시간과 공간의 틈새는 우리로 하여금 생각할 시간과 공간의 여유를 줍니다.

 일반적으로 분노는 금기시되어 있지만 역설적이게도 그것은 삶의 강력한 에너지입니다. 엄연한 삶의 현실 자체이자 움직이는 동력이지요. 분명히 있는 것을 없다고 무시하거나 무조건 적군으로 규정하고 제거하려고만 한다면 나를 생생하게 움직이는 에너지를 잃어버립니다. 아폴로 신의 밝음은 디오니소스 신의 어둠과 쾌락을 덮는 이불이요, 낮과 밤은 연결된 고리입니다. 자극이 올 때 감정의 흐름과 움직임을 잘 살펴보면 내가 진정으로 원하는 것이 무엇인지, 나를 움직이는 동인動因과 방향이 무엇인지를 알게 됩니다. 분노와 좌절을 있는 그대로 직시하고 그 장애를 돌파한 후에야 비로소 그 에너지가 생생한 삶의 현실로 존재하게 되는 겁니다. 분노의 멧돼지를 못살게 굴거나 죽이려고 하지 말고 길들여서 마음의 씨앗을 위해 일하게 해야 한다는 거죠.

길들이는 방법 역시 조용한 내면의 힘이 필요합니다. 폭력은 폭력을 낳거든요.. 그러나 아직 내공이 충분하지 않다면, 또 상황에 따라 필요하다면 차라리 화를 내어도 좋습니다. 원칙은 없습니다. 오랫동안 무조건 죄악시하며 누르려고만 하면 십중팔구 '상처 입은 멧돼지'는 숨어서 힘을 기르거나 없는 척 철저히 위장한 후 더 폭력적으로 됩니다. 반대로 차라리 발산하라고 하면 분노의 인간관계 매듭을 강화하게 될 것입니다. 위로하려고만 하면 사탕과 감미료만 먹고 제멋대로 큰 기형 폭력돼지가 되어 그보다 더 위험한 것이 없습니다.

이제 내면으로 들어가는 겁니다. 멧돼지를 바라보며 정면으로 맞서는 거죠. 엄격한 눈으로 절대 움직이지 말고 가만히, 아주 맑고 강하게, 그러나 부드럽게 말하는 겁니다. 나는 너를 오랫동안 보아왔기 때문에 너를 이해할 수 있다. 너를 죽이거나 누르려고 하는 것이 아니라 내 안의 일부로서 대하는 것이다. 나는 너를 존중한다. 계속 바라보면 마침내 분노의 정체가 드러나게 됩니다. 먼저 자신이 화가 나 있다는 것을 충분히 인정해야 합니다. 그것은 싫지만 또 다른 나 자신이기 때문이지요. 문제를 인정하지 않으면 영영 해결의 실마리를 잃게 될 것입니다. 이제 이성의 도움을 얻을 차례지요. 왜 화가 났을까? 자존심이 상해서, 사랑을 받지 못해서, 욕심이 충족되지 않아서…. 어쩌면 이 동기들은 너무 오랜 습관이어서 쉽게 발견하기 어려울지도 모릅니다. 그래도 계속 바라보세요. 다른 일을 하거나 영적 독서를 하면서…. 지나치게 관심을 집중하지 말고 시간이 지나가도록 하면서, 모르는 척 하면서 그러나 계속 함께 하십시오. 어쩌면 우리는 지난 상처 때문에 슬퍼질지도 모릅니다. 그때는 마음을 막지 말고 눈물을 흘리도록 잠시 내버려 두세요.

이제부터는 영적 감각이 중요합니다. 멧돼지를 생포하여 좋은 일을 시킬 차례죠. 기습적으로(너무 많이 생각하고 계획하면 기회를 놓칩니다) 그 분노의 대상과 일을 향해 아주 구체적으로 원수 사랑을 실천하는 겁니다. 마치 아무 일도 없었던 것처럼! 아무 거리낌없이 활짝 웃기, 축복의 말 전하기, 전폭적으로 받아들이기, 진심으로 안아 주기, 내 것을 내어 주기. 이 때 중요한 것이 있습니다. 성령님과 함께 성령님의 도움을 구하면서 하는 거죠. 아마 상대는 놀랄 겁니다(아니 나부터 놀랄 겁니다). 혹은 당황하거나 처음에는 언짢아 할 수도 있겠죠. 그러나 실망하지 말아야 할 일입니다. 어느 순간부터 분노의 매듭이 풀리기 시작합니다. 가나의 기적은 물을 여섯 동이에 다 채우기까지 일어나지 않았으니까요. 모든 일에 때가 있고 정해진 분량이 있습니다. 희망을 품고 시작한 일들은 이미 그 안에 완성된 우주가 있는 것이죠. 일을 할수록 재미있어집니다. 다음부터 우리는 마음속에서 사랑의 밭을 열심히 갈고 있는 농부 멧돼지를 보게 될 것입니다.

> 누구나 화를 낼 수 있다. 그것은 쉬운 일이다. 그러나 화를 낼 사람에게 화를 내고 바른 정도껏 바른 시간에 바른 목적, 바른 방법으로 화를 내는 것은 모든 사람이 할 수 있는 것은 아니며 또한 그렇게 하기도 쉽지 않다.
>
> — 아리스토텔레스 Aristoteles

말씀이
내 안에

> 나는 성경말씀 없이 경험이나 지식을 신뢰하지 않습니다. 왜냐하면 이 두 가지만 가지고는 실패할 수 있고 속을 수도 있기 때문입니다. 그러나 만일 우리가 성경을 따라 우리 자신을 이용한다면 우리는 곁길로 빠지지 않을 것입니다. 왜냐하면 거기에서 말씀하시는 분이 성령이시기 때문입니다.
>
> — 십자가 요한 John of the Cross

코츠크의 랍비 멘들 Rabbi Mendel of Kotzk은 홀로 떨어져 자기의 영적 문제에 관심을 두는 사람이 실제로는 물질적인 관심에 빠져 대중 속에 섞여 있는 사람보다 훨씬 더 깊이 세계적 삶에 동참하고 있다고 말한 적이 있습니다. 참다운 존재 앞에 선 실존의 사람만이 우주 전체의 하모니와 리듬을 거스르지 않기 때문이지요.

전도서는 하나님이 함께 하시지 않는다면 일한 자의 수고가 헛될 것이라고 경고합니다. 당신이 큰 꿈을 꾸고 많은 일을 하는 사람이라면 기도는 더욱 필요합니다. 정말로 중요한 모든 행동들은 기도 속에서 일어나기 때문입니다. 늘 기도를 통해 하나님과 동행했던 로렌스 형제 Brother Lawrence는 "우리는 할 수 있는 한 더 완전하게 하나님을 사랑하고자 갈망해야 합니다. 영원한 세계와 현재 우리의 삶에서 함께 가시는 하나님을 믿고 소망하고 사랑해야 합니다. 소망을 가진 사람은 많은 일을 할 수 있습니다. 믿음을 가진 사람은 더욱 더 많은 일을 할 수 있습니다. 사랑하는 법을 깨달은 사람은 그보다 훨씬 더 많은 일을 할 수 있습니다"라고 말했습니다.

중요한 점은 이것입니다. 우리 생활에 하나님이 함께 하시는가? 창조주 하나님께서 이 순간에도 나의 삶터에 함께 하시며 매 순간 새로운 창조의 기적을 나타내시는가? 그분의 무한하신 능력이 나의 부정적인 자아들을 갈아엎고 긍정적인 자아들을 개발하시도록 하는가? 원리는 하나입니다. 나의 인생에 그분의 말씀을 듣는 시간이 최우선이 되어야 한다는 것입니다. 성령의 주권을 인정하고 그분의 공간을 우리의 삶 속에 받아들이는 것입니다.

이즈음에서 교황 요한 23세 Pope John XXIII가 제 2차 바티칸 공의회 The 2nd Vatican Council를 열면서 한 말은 의미가 있습니다. "나는 이 공의회를 열면서 성령의 도움을 요청하는 기도를 드리지 않았네." "… ?? …" "다만 나는 이 공의회를 통해 우리가 성령님이 하시는 일을 적절히 효과적으로 도울 수 있도록 기도드렸지."

"여호와의 말씀에 내 생각은 너희 생각과 다르며 내 길은 너희 길과 달라서 하늘이 땅보다 높음 같이 내 길은 너희 길보다 높으며 내 생각은 너희 생각보다 높으니라." (사 55: 8-9)

말씀은 그리스도인의 삶에 가장 중요한 자료입니다. 말씀이 문자가 아니라 그리스도의 영과 만나는 살아있는 체험의 장이 될 때, 삶은 내가 스스로 무엇을 깨닫고 습득해 가는 과정이 아니라 사랑 안에서 그리스도와 만나는 자리가 됩니다. 몸과 마음으로, 진정으로 만나는 언어, 말씀! 이때 우리에겐 단순히 문자를 읽고 지식을 얻는 이성이 아니라 사랑의 눈이 필요합니다. 우리의 삶에 깊이 뿌리박힌 고정관념과 판단, 정죄, 상처, 미움, 오해들을 내려놓고 사랑의 성령이 하시는 말씀을 경청해야 합니다. 사랑이 있어야 보인다! 논리를 내려놓고 사랑의 맛을 들이라는 것입니다. 하나님이 얼마나 좋으신지, 그분이 나를 얼마나 사랑하시는지…. 젊은 연인들이 눈이 맞듯이 성경과 내가 눈이 맞아야 합니다. 말씀 속에서 당신을 사랑스럽게 바라보시는 그분의 눈과 만나야 하고, 그리스도를 뜨겁게 사랑하고 십자가의 길을 따랐던 성도들의 눈과 만나야 합니다.

먼저 성경을 통독하는 것은 큰 숲을 보는 것과 같습니다. 통독의 길을 가기 위해서는 의문이 생기는 부분, 모순되는 듯이 보이는 부분들을 내버려 두고 깨달음의 때를 기다리는 여유가 필요합니다. 질문에 대해 즉각 답하고 평가받는 것에 익숙한 우리에게는 기다림이 요구하는 미덕이 익숙하지 않을지도 모르지만 말입니다. 시중에 나와 있는 통독 가이드를 활용하거나 정해진 기간 동안 성경읽기를 마칠 수 있는 성경 읽기표를 활용하셔도 좋습니다. 통독을 통해 어느 정도 개요를 익히셨다면 묵상과 관상에 도전해 볼 수 있습니다.

묵상훈련은 두 가지 기능을 가지고 있습니다. 첫째, 묵상은 말씀에 집중함으로써 정신과 기억을 통제하게 해 줍니다. 이 묵상의 기능은 자신을 반성하고 외적 사물과 사업, 활동과 생각, 그리고 현실적 걱정거리들로부터 물러나 집중하도록 돕는 것입니다. 둘째, 묵상은 하나님의 현존으로 인도합니다. 중요한 것은 말씀의 주인이 하나님 자신이라는 것이며 이것이 묵상의 진짜 목적이라고 할 수 있습니다. 즉, 하나님께 끊임없는 사랑과 관심과 온전한 신뢰를 가질 수 있도록 이끄는 것이 묵상의 참 목적이라는 것입니다.

묵상은 우리의 마음에 불을 켜서 돌처럼 굳어지고 어두워진 마음 대신 아기 살처럼 부드러운 사랑으로 그분을 만나게 할 것입니다. 욕심의 비늘로 두꺼워진 우리의 눈은 다시 맑은 혜안을 가지게 될 것입니다. 살얼음 딛듯 불안한 일상 속에 응어리진 상처와 한숨이 그분 앞에서 아낌없이 씻겨 내려질 것입니다. 그리고 우리는 내면에서 거짓 자아로 둘러싸인 겉사람을 만나게 될 것입니다.

그 어두운 바다에는 불안, 당황, 고민, 공포, 두려움, 갖가지 죄의 모습, 좌절감과 황야의 메마른 기억, 음란한 마음이나 질투심, 알 수 없는 긴장감, 초조함과 안절부절 못한 느낌 등이 떠다니고 있습니다. 우리는 하나님을 알기 위한 과정에서 왜 이런 어둠에 맞닥뜨리게 되는가 싶어 당황하거나 누르려고 할 필요가 없습니다. 이러한 어둠들은 우리의 당연한 실재이기 때문입니다. 묵상은 하나님을 더 이상 생각할 수조차 없을 정도로 추하게 느껴지는 겉사람의 자아를 말씀의 무한한 빛 앞에 드러내고 폭로하는 역할을 할 것이기 때문입니다.

묵상이 충분히 익어졌다면 이제 교회사 전통에서 계속 이어져 온 거룩한 독서에 도전해 보십시오. 렉시오 디비나 Lectio Divina라고 부르는 이 독서는 관상기도라고도 하는데 사랑의 하나님, 특별히 내면에 계시면서 우리와 함께하시는 하나님을 만나고 사랑으로 대화하는 것을 말합니다. 전통적으로 이 독서법은 다음의 네 단계를 거칩니다. 이 단계들은 시간적으로 중복되기도 하고 반복되기도 하지만 대체로 Lectio(읽기)-Meditatio(묵상)-Oratio(기도)-Contemplatio(관상)의 순서를 거칩니다.

거룩한 독서법은 한 말씀 한 말씀 앞에 머물러 음미하는 것이 주된 작업이라고 할 수 있습니다. 말씀이 스스로 다가오면서 말을 걸면, 신의 말씀은 더 이상 인간의 언어 구조가 아니라 몸과 정신, 영혼으로 이루어진 통 언어임을 알게 됩니다. 신적 언어가 인간의 언어 구조인 글과 소리를 통해 우선적으로 다가오며, 그 과정을 구체적으로 겪어내는 동안 하나님의 현존에 이르게 된다는 것입니다.

말씀의 도전 앞에서 자아의 꺾임과 좌절감을 통과한 영혼은 구름 속에 있는 것 같은 편안한 느낌, 온 몸의 내부로부터 동심원을 그리며 바깥에까지 퍼져나가는 따뜻한 온기와 황홀한 느낌, 거룩한 주님의 마음을 느끼게 됩니다. 하지만 이 상태가 종일 계속되는 것은 아닙니다. 그러나 한 번 이 환희를 맛본 사람은 현실 속에서 유혹과 혼란에 빠지게 되더라도 다시 하나님의 임재로 빨리 되돌아가고 싶어합니다.

하나님의 임재에 다다르게 되면 마치 허물을 벗어버린 뱀이 자기의 일부였던 껍질을 쳐다보듯이 우리는 진정한 자유와 행복의 깊이로 들어가게 됩니다. 자아는 분명 자신의 일부이면서도 더 이상 자기의 본질을 위협하지 않습니다. 이제는 무슨 일을 하셔도 좋습니다. 어거스틴이 "하나님을 사랑하라, 그리고 당신이 원하는 일을 하라"고 한 말씀이 이 경우에 해당되기 때문입니다. 우리의 원하는 바는 하나님이 원하시는 것과 일치되고, 우리의 내면은 무한히 크고 광대하고 따뜻하고 넓어서 어떤 자아의 부딪힘도 존재하지 않는 큰 나라를 세우게 됩니다. 이제는 내가 사는 것이 아니라 그리스도가 내 안에 사시기 때문입니다.

사랑하라.

지금 여기, 충만하게.

이방인의. 뇌.

담쟁이. 넝쿨의. 꿈.

눈 먼 사랑의. 삼중주를. 멈추고.

하나 됨을. 위하여.

지금 여기, 충만하게

생기를 주는 따듯한 햇빛, 소박한 식사, 따뜻한 커피 한 잔, 다정한 가족, 사랑스러운 동역자들, 아름다운 자연, 비 온 뒤의 깨끗한 하늘, 미소를 짓게 하는 이웃의 작은 친절, 영혼을 깨우는 좋은 책들, 사람을 움직이는 리더십, 하나님의 일을 하기에 꼭 필요한 만큼의 물질, 숨 쉴 수 있는 공기, 내가 좋아하는 글쓰기, 말씀을 전할 수 있는 강단, 큰 걱정 없이 연구할 수 있는 여건….

제가 행복할 수밖에 없는 이유들을 적어보고 있습니다. '행복해도 괜찮아. 조금 부족해도 괜찮아. 그분은 내가 행복하기를 원하시고 어떤 격류에도 내가 휩쓸려 가지 않게 하시는 행복의 근원이시다!' 요즘 제가 자신에게 하는 말입니다. 제 주변에는 여전히 문제들이 산재해 있고 저는 여전히 부족한 사람이지만, 제 마음에는 작은 평화와 행복이 물결치고 있습니다. 저는 그분의 손에 이끌리어 어린아이처럼 있는 그대로 자유롭습니다. 문제와 갈등 속에서도 희망을 잃지 않는 법을 배우고 있습니다. 그분의 눈으로 세상과 사물을 보는 법을 배우고 있습니다.

그래요. 늘 소유의 울타리를 지키고 넓히느라 안절부절 못하는 눈을 조금만 돌려보면 세상에는 주님이 주신 아름다운 것들로 가득합니다. 밤하늘에 가득한 별들과 바다에 가득한 물고기들, 산에서 뛰노는 다람쥐, 사열하듯 늘어서 있는 뒷산 산책길의 나무들, 삶의 굴곡마다 함께 아파하며 위로해 주셨던 그분의 음성과 이웃의 작은 손길…. 우리에게 작은 믿음이 있으면, 그분이 늘 우리를 사랑하시며 가장 좋은 것을 예비해 두셨다는 사랑의 확신이 충만하면, 우리를 구성하는 작고 소박한 모든 것은 충분히 찬미와 감사의 조건들이 됩니다. 그림자가 만들어내는 빛의 형태를 발견할 수 있으며 시련 뒤에 숨은 행복의 미소를 알아차릴 수 있습니다. 모든 것이 우리를 이 세상에 보내어 그분의 뜻대로 만들어 가시는 커다란 섭리 안에 있습니다.

지금 여기 하나님께서 허락하신 모든 좋은 것들을 감사하며 누린다는 것은 동시에 그 좋은 것들에 대한 집착 때문에 자신을 잃어버리거나 불행해지지 않겠다는 의지를 갖는 것입니다. 외적이든 내적이든 소유에 휘둘리지 않는 사람만이 좋은 것을 누릴 수 있습니다.

>제가 어디에 있든지 무엇을 하든지, 주님
>당신이 나와 함께 계시다는
>임재의 느낌과 믿음이 충만하기를 원합니다
>당신이 넘치는 생명의 능력으로 제 모든 삶의 여정을 다스리고
>가장 좋은 길로 인도하고 계시다는 것을 충분히 깨닫기를
>원합니다
>
>운동장에서 뛰노는 아이들이 넘어지고 다치면서도
>어머니의 사랑을 의심치 않는 것처럼
>언제나 돌아갈 집이 있다는 것 때문에 안심하는 것처럼
>그 평화와 사랑의 느낌이 저의 온 생에 충만하기를 원합니다
>구름이 하늘을 천천히 흘러가듯이

새들이 평화롭게 지저귀듯이

나무들이 바람에 잎새를 흔들며 열심히 자신의 생을 살아가듯이

참된 믿음 안에는 평화와 가식 없는 사랑이 가득합니다

당신이 내게 주신 그 사랑에 어쩔 줄 몰라합니다

저의 연약함과 죄 때문에 이 사랑의 확신을 잃지 않도록

주여, 도와주십시오

이 사랑은 저의 완전과 선행에 연유한 것이 아니기에

그것은 충만한 당신의 온정이기에

그저 살아가는 생명의 능력이기에

우주에 충만한 당신의 자비이기에….

어떤 경우에도

당신의 은혜를 거절하지 않을 용기를 주소서

주여

저의 무례함과 무가치함에도

태양같이 당신의 자비와 사랑은 빛나고 있다는 것을

찬미하게 하십시오

이제 준비가 다 되었습니다. 이제 우리는 충만한 생명의 영으로 살아가며 세계에 희망을 나르기 시작합니다. 끊임없이 희망하는 그것은 마음에 구체화됨으로써 실재實在가 됩니다. 우리 안에 믿음으로 존재하는 생명의 생활방식은 단순히 미래의 준비가 아니라 현재화된 시간 안에서 충만하며 존재하는 미래입니다. 이미 완전합니다. 희망을 보여주시는 그분의 예정 안에서 우리는 이미 생명의 사람들입니다. 생명의 우물은 마르지 않는 깊은 물을 제공하며 사랑의 관계와 더불어 환경을 움직여 사역을 성취합니다.

마음에 귀를 기울이고 '나다움'을 억압하는 것과 거짓 자아가 요구하는 욕구의 소리를 파악하십시오. 그러고 난 후 자신에게 '그래' 하고 말하십시오. 긍지를 가지고 하나님이 창조하신 아름다운 나를 칭찬하십시오. 하나님이 이끄시는 섭리 안에서 생명의 삶을 사는 나를 상상해 보십시오.

나는 하나님 안에서 행복해지고 싶은가? 나는 하나님과 함께 성공적인 삶을 살고 싶은가? 그렇다면 또 다시 자신에게 물어야 할 것입니다. 나는 주변의 모든 안전지대와 실재를 왜곡하는 모든 문들을 차단하고, 은연 중 하나님 외에 의지하고 있던 것에서 독립할 용기가 있는가? 지금까지 내 인생에서 잘못된 원인이라고 생각하며 불평했던 환경과 관계를 더 이상 탓하지 않고 이제는 내 운명의 주인이 되겠다고 선언할 용기가 있는가? 나는 내 안에 계신 생명의 힘이 내 인생을 결정하는 것을 받아들일 수 있는가? 나는 거짓자아가 요구하고 강요하는 세속적 가치에서 자유로울 수 있는가? 이 질문에 대한 성공적인 답변은 다음과 같은 것에서 과감하게 전환하는 것을 의미합니다.

"누가 내 인생에 빛을 던져줄까?"
"내가 바라는 것을 누가 줄 수 있을까?"
"저 사람을 어떻게 변화시킬 수 있을까?"
"어떻게 해야 내가 원하는 환경으로 바꾸어서 행복해질까?"

대신 이제 우리는 다음과 같이 말하게 될 것입니다.

"나는 나를 변화시키고 가장 좋은 곳으로 인도하시는 하나님, 나를 창조하셨기 때문에 나에게 가장 좋은 길이 무엇인지 알고 계시는 하나님을 믿는다. 그리고 나의 내적 태도가 인생을 결정짓는다는 것을 믿는다. 이 세상에 존재하는 모든 것, 곧 어떤 문제나 어려움 혹은 어둠이라도 반드시 있어야 할 것이 있는 것이다. 그것이 우주의 주관자이신 그분의 뜻이다. 전능하신 신비의 하나님은 우리의 무지와 죄와 약점까지도 합력하여 선을 만드는 분이시며, 실은 바로 그 약점과 죄가 생명의 보고로 가는 길임을 믿는다. 그분은 우리의 격정과 죄와 어둠을 변화시키시며 문제들 속에서 빛을 만드는 분이시다. 나는 그분께 모든 것을 맡기며, 나의 시각과 태도를 바꾸며, 그분의 빛을 받아들이고 스며들게 하기를 원한다. 묵상과 기도, 영적인 벗들과 공동체가 나를 그렇게 만들 것이다. 나는 내 삶의 우선순위를 내 인생을 변화시킬 것들에 둘 것이다."

이방인의 뇌

최근의 연구에 의하면 우리의 생명을 주관하는 영역은 뇌의 가장 깊은 곳에 있는 뇌간이라고 합니다. 심장이 뛰는 것, 신경세포가 움직이는 것, 숨을 들이쉬고 마시는 것 등 생명과 관련된 기본 작용은 모두 이곳에서 진행된다고 하지요. 흥미로운 것은 이 뇌간에서 이루어지는 일들은 우리의 생각이나 감정과는 상관없이 스스로 진행된다는 겁니다. 예를 들어서 '오늘 내가 판단해 보니 심장이 너무 많이 수고했어. 30분만 쉬어 봐' 라고 생각하고 명령한다고 해서 심장이 멈추지는 않는다는 것입니다. 혹은 '저 사람 때문에 몹시 기분이 나쁘네. 저 사람과는 같은 공기를 마시고 싶지 않아. 한 시간만 숨을 쉬지 말아야지' 한다고 해서 숨이 멈추지는 않는다는 것이지요. 뇌간은 자아를 구성하는 이성과 감정, 다시 말해서 신피질과 구피질의 영향력을 받지 않는 생명의 영역이라는 것입니다. 물론 신피질과 구피질의 장애가 지나치게 심각해지면 병을 일으키거나 생명에 지장이 오게 되겠지요.

신피질은 이성을 관장하는데, 많이 배우고 사변적인 사고를 많이 할수록, 고집이 세고 생각과 고정관념이 많을수록, 교리나 합리적인 사상에 갇혀 있을수록 딱딱해지고 장애가 많아진다고 합니다. 뇌는 신피질-구피질-뇌간의 순으로 구성되어 있는데, 신피질이 딱딱해지면 감정을 다스리는 구피질의 영역으로 들어가기 어렵게 되고 결국 생각과 사고는 생명의 영역과는 상관없이 공허한 사변에 머물게 된다는 것입니다. 이성이 발달하거나 교리에 묶여 있는 사람들 중에는 정신적으로 분열을 겪거나 극도의 공허감과 불안을 느끼는 사람들이 많은데 바로 생각이 감정과 생명의 영역과 교류가 되지 못해서 그렇다고 하는군요. 흥미로운 것은 이 신피질의 장애는 고정관념인데 이 틀을 깨는 것이 바로 믿음이라는 겁니다. 신피질은 합리와 논리를 관장하는 곳이니까 비합리, 초월, 기적, 이유 없는 은혜 같은 것을 체험함으로써 비로소 자기 고립 상태를 벗어날 수 있다는 것이지요.

한편 구피질은 감정을 관장하는 곳인데 신피질 즉 이성의 기능이 강할수록 다양한 자기방어가 강해진답니다. 이성만 발달한 사람이 교리주의가 되기 쉽듯이 체험위주의 신앙이 자기 방어가 강해지면 체험만능주의로 변질되기 쉽습니다. 둘이 결합되면 어떻게 될까요? 생각과 감정 사이에 인과율이 생겨나겠지요. 즉 '이러이러하니까 나는 기쁘다' 혹은 '나쁜 일을 했으니까 우울하다', '네가 나에게 잘 해 주었으니까 나도 너를 사랑한다' 등의 법칙이 생겨난다는 것입니다. 구피질의 영역에서는 상처나 화, 미움, 자존심 등의 감정을 묻어둘수록 장애가 많아지고 생명의 영역인 뇌간에 이르기 어렵게 된다고 합니다. 구피질의 장애는 자기 방어인데 이 벽을 깨는 암호는 신뢰를 기초로 한 감정의 치유와 감사, 용서, 사랑, 기쁨이라고 하네요.

굉장한 사실은 생각과 감정이 장애를 일으키지 않고 뇌간이 주관하는 대로 잘 순종하는 상태가 되면 그야말로 사람이 누릴 수 있는 가장 행복한 상태가 된다는 것입니다. 무조건적 신뢰가 생겨나고, 강력한 삶의 에너지가 표출이 되고, 상상력이 자유롭게 표출되어 창조적이 되고, 정서는 단순해져서 행복 그 자체가 된다는 겁니다. 그런 사람은 옆에만 있어도 행복 에너지와 파동이 전해지니까 함께 있는 다른 사람들에게도 행복이 전염되는 거지요. 그러니 신뢰하고 감사하고 용서하고 사랑하는 일이 그 자체로 얼마나 큰 축복이겠어요?

히스이 고타로라는 일본의 카피 라이터가 쓴 '운이 좋아지도록 뇌를 사용하는 방법'이라는 글을 읽었는데, 거기에 이런 원리가 들어있는 아주 재미있는 뇌의 훈련방법이 있었습니다. 뇌는 어떤 자극이 생겼을 때 늘 합리적인 이유를 찾아내려고 한답니다. 여기서 말하는 뇌의 기능이란 이성을 관장하는 신피질의 기능을 말하는 것이겠지요. 여하간 뇌는 어떤 현상이 생겼을 때 불합리한 상태를 견뎌내지 못하기 때문에 그 이유를 찾아낼 때까지 안절부절 못한다는 것입니다. 예를 들어서 아무 감사할 이유 없는 사람에게 "고마워요"라고 말하면 뇌는 안정을 못하고 계속 생각한다는 겁니다. '대체 왜 저 사람에게 고맙다고 하는 거야?' 라고 못마땅하게 생각하고 그 불합리한 상태를 벗어나기 위해 계속 이유를 찾는다는 것이죠. '왜? 왜? 합리적인 이유가 있어야지!' 하고 말이죠. 저는 이 뇌를 데카르트의 생각하는 뇌, 혹은 이방인의 뇌라고 부릅니다. 사랑할만한 자를 사랑하는 것, 불의한 자를 미워하는 것, 자기를 문안한 자를 문안하는 것, 내 자식이니까 사랑하는 것, 이만큼 주었으니 이만큼 받아야 하는 것…. 그러한 '주고 받음give & take'의 합리적 사고를 철저히 지키는 사람들을 예수님은 이방인이라고 부르셨으니까 이방인의 뇌라고 부르는 것이 합당하지 않겠어요?

그런데 생명에 이른 뇌는 합리와 자기감정을 벗어나서 믿음과 소망과 사랑으로 길들여진 뇌라는 것입니다. "또 네 이웃을 사랑하고 네 원수를 미워하라 하였다는 것을 너희가 들었으나 나는 너희에게 이르노니 너희 원수를 사랑하며 너희를 박해하는 자를 위하여 기도하라 이같이 한즉 하늘에 계신 너희 아버지의 아들이 되리니 이는 하나님이 그 해를 악인과 선인에게 비추시며 비를 의로운 자와 불의한 자에게 내려주심이라." (마 5: 43-45) 다시 고타로의 글로 돌아가 보면, 내가 특별히 감사하다고 생각하지 않더라도, 혹은 내가 특별히 고마운 감정을 갖고 있지 않더라도 "고마워요"라고 말하는 중에 뇌는 그 사람의 좋은 점, 감사할 점 등을 찾아낸다는 것입니다. "고마워요"라고 선언해 버린 이상 하나라도 그 사람의 좋은 점을 찾아내지 못하면 뇌는 안정을 찾지 못한다는 것이지요. 반대로 "이 나쁜 녀석!"이라고 말하면 이번에는 뇌가 그 사람의 나쁜 면을 자꾸 검색해서 찾아낸답니다. 그러면 뇌는 자꾸 부정적인 방향으로만 길들여지게 되는 거죠.

믿음도 마찬가지 아닐까요? 어려운 일을 당하면 '내게 왜 이런 일이 일어난 거야? 하나님이 계시기나 한 거야?' 라고 불평하는 마음이 생기지만 성경은 "항상 기뻐하라 쉬지 말고 기도하라 범사에 감사하라"고 말합니다. "감사합니다. 저는 잘 모르겠지만 하나님을 신뢰하며 감사합니다." 눈물을 흘리면서도 입으로는 "감사합니다"를 외치고 있으면 그 동안에 뇌는 부지런히 감사할 만한 이유를 찾아내고 그러면 감사할 일이 자꾸 생겨나게 됩니다. 하나님에 대한 신뢰를 바탕으로 용서와 사랑의 힘을 가지게 됩니다. 이제 우리의 주인은 더 이상 메마른 이성과 자기에게 몰입된 감정이 아니라 하나님이 되시는 것이지요. 이제 말씀이 우리의 생각과 감정을 주관하시는 거죠.

"하나님, 당신을 전적으로 신뢰합니다. 내 뜻대로 마옵시고 주님의 뜻대로 되기를 원합니다." 이성을 꺾고 길들이는 방법입니다. "하나님, 감사합니다. 용서하고 사랑합니다." 감정을 치유하며 길들이는 방법입니다.

아무 생각 없이 무조건 일단 감사하기, 아무 감정이 없어도 무조건 사랑하기, 이유 없이 용서하기, 미워도 사랑하기를 그저 하는 겁니다. 당연히 잘 안될 겁니다. 그래도 일흔 번에 일곱 번씩, 아니 그분이 우리에게 하신 것처럼 하루에 몇 천 번이라도 하는 겁니다. 자기 내면을 들여다보고 맡기면서, 입으로는 신뢰하고 감사하면서 ….

아버지
이 몸을 당신께 드리오니
좋으실 대로 하십시오
당신께서 무슨 일을 행하시든지
감사드릴 뿐
저는 무엇에나 준비되어 있습니다.
당신의 뜻이
저와 피조물 위에 이루어진다면
그 밖의 다른 것은 아무것도 바라지 않습니다.

내 영혼을 당신 손에 드립니다.

내 마음의 모든 사랑으로 당신께 드립니다.

당신을 사랑하옵기에

내 마음의 모든 것을 바칩니다.

하나도 남김없이

무한한 확신을 가지고

당신 손에 모두 맡깁니다.

당신은 내 아버지시기 때문입니다.

— 샤를 드 푸코 Charles de Faucauld, '의탁의 기도'

담쟁이 넝쿨의 꿈

마음 저 깊은 곳으로부터 갈망하는 사람은 포기하지 않고 하나님의 때를 기다리며 미래를 준비할 수 있습니다. 남 탓, 환경 탓, 시대 탓을 하지 않고 말이지요. 다 때가 있습니다. 하나님이 가장 잘 아시고 예비하신 그때가 말이지요. 그럼 아직 때가 오지 않았을 때는 뭘 해야 하나요? 하나님이 그때그때 맡겨 주신 일에 최선을 다 하는 거예요. 좋은 태도를 가지고 좋은 자세와 언어와 위엄을 가지고 실력을 갖추고 실망하지 않고…. 그때그때 우리에게 주어진 고난과 성공과 실패의 다양한 환경 속에는 하나님이 우리를 준비시키는 숨은 섭리가 있거든요. 큰 그릇일수록 준비되는 시간도 길고 위기도 크겠지요. 그런데 갈망하지 않거나 뜨거운 열정이 없으면 그만한 그릇이 준비되지 못한다는 겁니다.

어릴 적 요셉의 꿈은 그의 당돌함과 야망을 그대로 드러내는 것이었지만 그 꿈만큼 준비되기 까지는 긴 세월과 실력과 훈련이 필요했습니다. 긴 훈련과정을 견디게 만든 것은 바로 하나님과 함께하는 갈망이었지요. 갈망이 있으니 감옥에 갇혀서도 불평불만이나 하면서 허송세월하지 않았어요. 그 상황에서 할 수 있는 일들을 최선을 다해서 해 나갔겠지요. 술맡은 관원이 감감무소식이었을 때도 그것 때문에 어떻게 해서든지 감옥에서 빨리 나가보려고 애를 쓰고 원망하는데 시간을 낭비하지 않았어요. 대신 자기의 열정과 갈망을 품에 안고 실력을 키웠습니다. 그렇게 보면 먼 타국의 이방인이었던 그가 외국어, 정치, 경제 등의 방면에서 최단기간에 실력을 키울 수 있는 곳이 정치범들이 갇히는 감옥만큼 더 좋은 것이 어디 있겠어요?

"하늘은 스스로 돕는 자를 돕는다"고 주어진 상황을 긍정적으로 보고 거기에서 의미를 찾고 최선을 다하니까 고통인 것만 같은 감옥이 더 큰 차원에서는 새로운 기회가 되었던 것입니다. 무엇보다 하나님의 뜻을 꿈을 통해 해석하는 일을 계속 했겠죠. 하나님의 뜻을 알고 그분의 임재 가운데서 살고 해석하는 훈련. 그리고 나서 비로소 때가 찼을 때, 왕이 불렀던 거죠. 아침에 꿈이나 환상을 통해 하나님이 미리 말씀 하셨을까요? 요셉은 얼굴을 씻고 위엄을 갖추고 옷을 단정히 갈아입고 왕 앞에 갑니다. 드디어 요셉의 시대가 왔습니다. 갈망을 가지고 준비된 만큼, 하나님의 교육과정을 성실하게 잘 통과한 만큼….

아무것도 존재하지 않는다는 말을
나는 믿을 수 없다
저 담 너머 세계에
무언가 있으리라

지금 보이진 않지만
그 세계를 바라본다.

함성을 지르며
온통 담을 점령할
담쟁이 잎들의
작은 반란을

초록의 빛으로

차가운 시멘트벽을

수놓을 그날을

외로운 별에 앉아

수천수만의 함성을 끌어낼

오직 하나가 있을 것이다

긴 밤을 지나

차가운 비와 서리를 이겨내고

그리움 하나만으로

눈부신 정상에 오를

하나

마음아

지금 비록 하늘이 보이지 않아도

그리움을 잃지 말아라

고독과 침묵의 시간을 이겨내어라

죽은 듯이 엎드린 땅 속

뿌리의 힘을 믿어야 하리니

수많은 생명을 묵묵히 생산해내는

거룩한 상향上向의 힘을 믿어야 할지니

나는 다만

소망하며

촉수를 세워

빛을 따라 갈 따름이라

눈 먼 사랑의 삼중주를 멈추고

🔖 토마스 키팅 Thomas Keating 신부는 이 세상을 움직이는 사랑의 에너지를 '인정받고 싶은 욕구, 지배하고 싶은 욕구, 안주하고 싶은 욕구'의 눈 먼 사랑의 삼중주라고 설명했습니다. 인정받고 싶은 욕구란 다른 사람의 칭찬과 사랑이 나를 결정하는 것입니다. 남이 나의 자유를 결정합니다. 사회가 정해 놓은 기준과 인정받을 만한 조건이 내가 사랑받고, 못 받고를 결정합니다. 거기에는 자기 자신과 하나님은 존재하지 않습니다. "너는 성공해야 해.", "잘 생기고 멋지고 사교력도 있으니까 사랑 받을 거야.", "너는 왜 네 마음대로니?" "여자가 왜 이렇게 말을 안 들어?", "남자가 나약해 가지고…."

하나님과 이웃을 사랑한다고 하는 우리의 사랑 역시 이러한 눈 먼 사랑을 닮아있기 일쑤입니다. 예수 시대의 바리새인들은 겉으로는 하나님을 들먹이고 사람들의 눈치를 살폈지만 그 동기는 사랑에 있지 않았습니다. '사람들이' 무어라 하는지를 살폈지만 그것이 그 사람들의 마음살이를 살피려 한 것은 아니었습니다. 토마스 머튼은 "우리는 다른 사람과 세상을 위해 일한다고 하면서 정작 자유, 사랑, 진실 등 남에게 실제로 줄 수 있는 것은 없다. 대부분 우리가 주는 것은 강박관념과 의욕과 자기중심적 야망의 투사일 뿐이다"라고 말했습니다.

눈 먼 사랑은 또한 지배하고 싶고 통제하고 싶은 욕구 속에 숨어서 우리 마음 깊은 곳에 자리 잡고 있습니다. 물론 모든 사람이 독재자가 되고 싶어 한다는 뜻은 아닙니다. 단지 우리는 다른 사람들과 상황을 내가 바라는 대로 통제하고 싶어하며 다른 사람에게 영향을 끼치고 싶어한다는 것입니다. 강압적이든 부드럽든, 선을 행하는 것이든 아니든 우리 모두는 그러한 힘을 행사하고 있습니다.

중요한 것은 우리가 권력을 행사하고 싶어 한다는 사실 자체가 아닙니다. 그것이 자기 정당화와 자기 의를 입증하기 위해 쓰이기 시작할 때, 그 힘은 조건 없이 베풀어지는 하나님의 사랑과 의를 방해하는 것이 되고 맙니다. 모든 벌거벗김 후에 가히 사랑을 의심할 수밖에 없는 상황에서도, 그럼에도 불구하고 여전히 존재하는 그 대책 없는 사랑! 그 사랑은 사랑받고 사랑할 만한 아무런 이유가 없는 그런 사랑입니다. "너는 내 사랑하는 아들이다. 아무런 조건과 자격이 없어도, 야망과 환호가 없어도 너는 내가 사랑하는 아들이다.", "당신은 내 아버지이십니다. 나를 완전히 버리시는 것 같은 이 캄캄한 암흑 가운데서도 당신은 신뢰할만한 내 아버지이십니다."

머튼은 사랑받기 위해 무언가 힘이 있다는 것을 입증하고 싶은 욕구를 벗어날 때에야 비로소 하나님의 사랑을 받아들일 수 있다고 설명하면서 다음과 같이 말합니다. "당신이 행하는 모든 선은 당신에게서 나온 것이 아니라 순종하는 믿음으로 자신을 단지 하나님께 사랑의 도구로 드렸다는 그 사실에서 나오는 것입니다. 이 점을 깊이 묵상하면 자신을 입증하고 싶은 욕구에서 벗어나 자기도 모르게 당신을 통해 일하시는 하나님의 능력에 더 깊이 열려있게 됩니다."

우리가 만일 사람의 힘으로 '하나 됨'을 만들어 낸다면 거기에는 틀림없이 인위적 질서를 부과했거나 획일화된 관습이나 강제성이 존재하고 있을 것입니다. 그러나 오직 그리스도 안에서의 일치는 '이미' 존재하는 현실입니다.

"성령께서 평화의 줄로 여러분을 묶어 하나가 되게 하여 주신 것을 그대로 보존하도록 노력하십시오. 그리스도의 몸도 하나이며 성령도 하나입니다. 이와 같이 하나님께서 여러분을 당신의 백성으로 부르셔서 안겨주시는 희망도 하나입니다. 주님도 한 분이시고 믿음도 하나이고 세례도 하나이며 만민의 아버지이신 하나님도 한 분이십니다." (엡 4: 3-6)

오랜 시행착오를 겪고 난 후에야 저는 비로소 서로를 묶어주는 끈이 오직 하나님의 영, 성령의 사랑밖에는 없다는 것을 지식이 아니라 경험으로 알게 되었습니다. 하나님만이 완전한 사랑을 주실 수 있습니다. 하나님의 사랑 없이 사람이 인위적으로 뭔가 일치를 '만들어' 보려고 하고 질서를 잡으려고 하면 할수록 그 관계는 더욱 엉킨 실타래처럼 되어 갈 수 밖에 없습니다. 만일 하나님 없이도 잘되고 있다면 그곳은 일치라는 미명 아래

서로가 자신의 욕구를 충족시키거나 의존하기 위한 수단으로 되어 있는 것이 틀림없습니다. 하나 됨에는 서로의 관계 사이에 십자가를 통한 자유의 공간이 반드시 필요하다는 것을 뼈저리게 알게 되었습니다.

여기에는 내 뜻대로 되든지 안 되든지, 자기주장이 관철되든지 않든지 그것 때문에 감정이 상하거나 관계를 악화시키지 않는 성숙한 자기 부정의 인격이 있어야 합니다. 포이멘 Poemen은 이웃에 대해 자기감정을 죽이는 것이 더불어 살 수 있는 가장 중요한 조건이라고 여겼습니다. 어느 금언집에 따르면 포이멘과 그의 여섯 동기 모두 수도자가 되었다고 합니다. 수도자가 되었지만 그럼에도 불구하고 갈등과 싸움이 끊이지를 않았습니다. 그 와중에 형제들 중 하나인 아눕은 매일 아침 이방인의 성전에서 돌로 빚은 신상에 돌을 던지고 저녁이면 신상을 향해 용서를 빌었습니다. 포이멘이 왜 그런 행동을 하느냐고 물었더니 그는 이렇게 답했습니다. "너희들 때문에 그렇게 했단다. 내가 신상에 돌을 던지거나 절을 하는 것을 봤지? 그런데 신상이 어떤 반응을 보였니?" 형제들은 아무런 반응을 보이지 않더라고 대답했습니다. 아눕은 말했습니다. "우리 일곱 형제가 모두 여기서 살자면 여기 이 신상처럼 되어야 해. 신상은 모욕을 당하든지 공경을 받든지 전혀 달라지지 않거든. 너희들도 이처럼 될 수 없다면 각자 원하는 곳으로 가는 게 낫겠다." 자신의 욕구와 감정에서 거리를 두고 자아를 죽이는 것이 함께 함의 가장 중요한 요소라는 교훈이겠지요.

하나 됨을 위하여

▍공동체를 위해 두 가지가 필요합니다. 첫 번째는 각자에게 성령이 거하실 수 있는 자유의 공간을 충분히 허용하는 것, 즉 내면의 자유로 공존하는 것입니다. 그대의 주위를 돌아보세요. 나는 수많은 '나들'에 둘러 싸여 있습니다. 나는 태어날 때부터 관계를 통해서 만들어졌습니다. 내가 존재할 수 있는 것은 다른 사람, 다른 장소, 다른 일과의 관계를 통해서만 가능합니다. 내 정체성은 결국 타자와의 차이를 통해 드러나는 것이지요. 나는 너의 다른 이름이 아닙니다. 나에게는 '네가 보는 나'가 있습니다. 수많은 너에 둘러싸인 나인 거죠. 장소마다 관계마다 다른 나가 있고 그때마다 바뀌는 나가 있습니다. 나는 고립된 한 개체 같지만 실제로는 늘 열려있고 변화되는 관계속의 나입니다. 지금의 '나' 속에는 강의를 하고

글을 쓰는 나도 있고 커피를 마시며 대화하는 나도 있고 식사를 준비하는 나도 있지요. 결국 나는 관계의 두께를 얼마나 지니고 있느냐에 따라 세계와의 합주를 할 수 있게 됩니다.

중요한 것은 이 모든 관계망들 안에 존재하는 내면의 자유입니다. 이 다양한 '나들'이 함께 영적으로 공존하는 방식은 세계가 공존하는 것과는 다릅니다. 세계의 평화는 사실 힘의 조화에 더 가깝습니다. 갈등 관계와 전쟁을 종식시키는 것은 힘을 중심으로 하는 질서의 균형과 재편성입니다. 그러나 영적 평화는 '샬롬'으로 그 의미는 너무나 깊고 넓은 것입니다. 샬롬의 중심에는 하나님과의 연합에서 오는 온전함이 있습니다. 하나님의 것이 아닌 모든 것(육체적, 감정적, 정신적, 사회문화적)이 '무無'로 돌아간 지점에 강력한 평화가 존재합니다. 우리는 그리스도 안에서 우리 모두를 함께 묶어주는 샬롬이 일어났다는 것을 믿고 고백하는 사람들입니다. 오늘 이 순간에도 '하나님 아버지와 예수 그리스도로 좇아', '성도로 부르심을 받은 우리에게' 샬롬이 일어납니다. 그분 안에 있을 때 우리는 다른 사람들이 행한 힘의 역학 관계 때문에 갈등하거나 두려워할 필요가 없어집니다.

토마스 머튼은 하나님의 현존으로 이루어진 공동체(자유의 공간)와 힘의 균형으로 이루어진 집합체(노예의 공간)를 구분했습니다. 그는 "집합체는 연결되지 않은 개체들로 구성된 대중들이다. 그것은 중심을 잃어버리고 정서나 지적인 목적이 없이 이익에 비천한 수동성으로 의지하기 위하여 그들 자신의 내면을 꺼버린 공허하고 소외된 인간들로 구성되어 있다"라고 신랄하게 비판하면서 더불어 살아가는 공동체가 허구가 되지 않으려면 내면의 영성을 통한 자유가 전제되어야 한다고 보았습니다. 머튼은 거의 대부분의 사람들이 내면의 영성이 없을 때 삶을 통제하는 체제의 일부가 되어 집합체 속으로 거의 무의식적으로 무기력하게 흡수되어 버린다는 것을 알았던 것입니다.

사람들은 대부분 모든 사람들에게 호감을 얻고 싶어 합니다. 물론 모두가 하나 되도록 노력하고 사랑하는 것은 중요합니다. 그러나 이러한 유혹과 정서상태가 때로 중립적 입장이나 기회주의를 낳습니다. 무원칙 평화주의와 기회주의는 결국 또 다른 분열과 편당을 만듭니다. 있는 그대로 받아들인다는 것은 모든 분야에서 다 받아들이고 수용하며 단순히 사람들에게 좋게 대한다는 것 이상의 뜻이 있습니다. 진정으로 하나 되기 위해서는 단호히 맞서고 분명히 갈라서야 할 때가 있습니다. 진리 안에서 하나 된다는 것은 때로 평화가 아니라 칼을, 화평이 아니라 불을 지르는 것이 되어야 합니다. 진리는 세속적인 사람의 방식대로 욕심껏 살아갈 것인가 혹은 확연한 대치선을 넘어야 할 것인가에 대한 선택을 요구할 때가 있는 것입니다. 그렇게 할 때 비로소 '우리'라는 말이 그저 힘있는 사람들이 자기 체제 안에서 갈등을 종식시키기 위해 내미는 구호가 아니게 됩니다.

그래서 참된 '하나 됨'을 추구하는 사람은 자신의 내면에 해방에너지를 생산하여 세계를 변화시킬 수 있는 힘을 가지고 있습니다. 물론 거대한 조직망에 둘러싸여 살고 있는 우리에게는 이 샬롬의 평화가 결코 만만치 않은 길일 것입니다. 이 길을 걷고자 할 때 우리는 현실성 없는 이상주의자라고 비난을 받을 수도 있을 것입니다. 그러나 그것은 사실이 아닙니다. 우리는 이상주의자가 아니라 영적인 관점을 갖고 있을 뿐, 매우 실제적이고 근원적인 힘을 가진 현실적인 사람들이라는 것이지요.

"평안을 너희에게 끼치노니 곧 나의 평안을 너희에게 주노라. 내가 너희에게 주는 것은 세상이 주는 것 같지 아니하니라. 너희는 마음에 근심도 말고 두려워하지도 말라."(요 14: 27)

두 번째는 대화와 식별의 기술을 훈련하는 것입니다. 일치가 성령 안에서는 '이미' 이루어진 현실이라고 해도 실제 우리가 사역을 하고 어떤 일을 결정하는 과정은 여전히 갈등과 다름이 존재할 수밖에 없습니다. 일치는 이 여백의 시간과 회색의 공간을 어떻게 신뢰와 지혜로 채워 나가느냐에 달려 있습니다. 관념적으로는 언제나 완전한 일치를 만들어 낼 수 있지만 실제로 우리가 생활하고 일하는 삶은 훨씬 다양한 요소들의 집합체라고 할 수 있습니다. 여기에는 신학적, 문화적 갈등만이 아니라, 정치적, 경제적, 성적 갈등도 포함되어 있습니다. 때문에 공동체적 대화는 지적 토론과 회의가 아니라 우리에게 공동으로 임하신 하나님의 임재를 통해 그 뜻을 식별하는 과정이라야 합니다.

그래서 세상을 이끌어 가는 지도자는 '공통분모'를 만들어 내는 사람이지만 그리스도의 공동체를 이끌어 가는 지도자는 하나님의 뜻을 식별하는 사람입니다. 물론 진리는 그 스스로가 드러나게 되어있고 우리 안에는 하나님의 신성이 깃들어 있다는 신뢰를 전제로 말이지요. 따라서 공동체적 대화는 상대를 일방적으로 제압하거나 설득하거나 가부장적 지도에 대해 승복하는 것이 아니라 '함께' 성령의 임재를 기다리고 찾아가는 길벗의 과정이라고 할 수 있습니다. 물론 여기에 그 길에 대한 혜안을 갖춘 리더의 역할이 중요합니다.

공동체는 모자이크와 같습니다. 모자이크는 수천 개의 작은 돌로 만들어져 있습니다. 어떤 돌은 파란색이고, 어떤 돌은 초록색, 또 어떤 돌은 노란색, 또 다른 돌은 금색입니다. 우리가 얼굴을 모자이크에 가까이 대고 보면, 우리는 돌 하나하나의 아름다움을 감상할 수 있습니다. 그러나 우리가 모자이크로부터 한 걸음 물러서면, 이 작은 돌들이 하나의 아름다운 그림이 되어 우리 앞에 나타나는 것을 볼 수 있습니다. 그리고 이 그림은 돌 하나하나로는 말할 수 없는 얘기를 우리들에게 들려줍니다. 우리의 공동체생활이란 바로 이 모자이크와도 같습니다. 우리 각자 각자는 하나의 작은 돌과 같은 것입니다. 그러나 우리는 함께 모여서 하나님의 얼굴을 이 세상에 보여줄 수 있습니다. "나에게서 하나님을 보여 주겠다"고 말할 수 있는 사람은 아무도 없습니다. 그러나 우리를 하나하나로 보지 않고 함께 뭉쳐서 보는 사람은 "그들에게서 하나님을 볼 수 있다"고 말할 수 있습니다. 공동체는 겸손과 영광이 서로 만나는 곳입니다.

― 헨리 나웬 Henri Nouwen

「자유와.
　사랑을.위한.
　수련.

자유를. 위한. 수련.

사랑을. 위한. 수련

자유를 위한 수련

1) 고통, 미움, 싫음, 열등감, 질투, 분노…. 이런 자극이 오면 경계를 느끼고 상황을 분류하십시오. 그 느낌을 식별하고 영향을 받는 것처럼 보이는 에너지 중심, 지배, 인정, 안정의 욕구를 확인하십시오. 정당화하지 말고 핑계를 대지 마십시오. 우리는 지배하지 못할 때 싫어합니다. 사람들의 인정과 호감을 받지 못하면 싫어합니다. 우리를 완전하다고 여기지 않으면 싫어합니다. 인정하는 건 좋지만 자기 자신에게 화를 내지는 말고 그것을 충분히 맛보며 가로질러 가세요.

2) 기도하세요. "환영합니다, 감사합니다, 하나님을 신뢰합니다." 원하는 만큼 되풀이 하세요. 하나님이 그것들을 도구로 삼아 임재하기를 원

하십시오. 사건 자체와 의식의 방식은 바라지 않는 것이지만 그 사건 안에 있는 하나님의 임재를 환영하십시오.

3) "이 상황을 지배하려는 나의 욕구를 버립니다"라고 말하십시오. "나의 뜻을 버립니다. 이 상황을 환영합니다. 내 뜻대로 되지 않는 이 상황을 내가 무언가 선한 일을 함으로써 혹은 옳지 않은 일을 함으로써 지배하려는 욕구를 버립니다. 그래서 당신의 주권을 기다립니다"라고 고백하십시오. 반작용하지 말고 믿음으로 응답하십시오. 이 포기의 과정은 심리학이 아니라 믿음의 과정입니다.

4) 상처받고 어두운 내면을 돌볼 책임이 있습니다. 어두운 에너지가 자유롭게 되면 그것은 우리가 변화하는데 필요한 부분이 됩니다. 상황과 사람들이 주는 자극은 실제로는 '선물'이라고 할 수 있습니다. 삶에서 치유되지 못한 상처들이 나의 에너지 중심들을 어떤 패러다임으로 끌고 가고 있는지 잘 식별하십시오. 참 나와 나의 소유, 존재 자체와 내가 아끼고 애착하는 것들…. 구분하고 또 분리하십시오. 나와 나의 것, 나와 나의 신념, 나와 나의 감정, 나와 나의느낌, 나와 나의 껍데기…. 이런 식으로 말입니

다. '나'는 외로움이 아니다. 그건 내가 아니라 ○○야. 나는 분노가 아니다. 지금 분노하고 있는 것은 ○○야. 분리하고 관조하는 겁니다. 충분히 그 느낌을 관찰하며, 마치 내가 아닌 다른 타자를 보듯이…. 마침내 그 감정이 시시각각 변해가는 그 지점에서 어떤 욕구들과 감정들이 결합하고 있었는지를 보게 될 겁니다. 사회화된 약물중독에 의한 느낌을 구분해 봅니다. 인기, 인정, 경쟁에서의 우위, 유명세, 칭송, 권력 잡기, 과열된 흥분…. 그런 것이 약물의 느낌인거죠.

5) 충분히 분리가 되고 자유로워졌다면 호의를 받아들이는 것, 받는 법을 배우는 것, 도움을 요청하고 자신이 인간임을 인정하는 것, 자기의 연약함-지배하고 싶은데 잘 되지 않은 것, 사랑받고 싶은데 잘 되지 않은 것, 확실한 것을 붙잡고 싶은데 늘 삶이 불안한 것-을 드러내십시오. 우리는 구세주 콤플렉스에 시달릴 필요가 없습니다. 다만 주어진 우리의 자리에서 그분의 선물을 자유롭게 받아들일 수 있으면 됩니다.

6) 현재 느껴지는 자극과 반대되는 거룩한 단어를 선택합니다. 사랑, 순

종, 빛, 신뢰…. 우리는 사랑에 의해 이동하기 시작합니다. 그 단어로 자꾸 돌아가십시오. 하나님을 바라보는 순수한 직관은 쉬지 않고 그분의 임재 앞에 서 있는 것입니다. 이제 새로운 눈이 생깁니다. 그분 안에 있으면서 그분이 있으라고 하시는 그 자리에 있는 것. 이제 새로운 말씀이 내 안의 가장 깊은 곳에서 서서히 생겨날 것입니다. 이렇게 무의식의 에너지가 잘 통찰되고 드러나면 의식은 훨씬 자유로워집니다. 직관적 의식의 수준이 발전하고 현실에 대한 새로운 통찰과 잠재력의 활성화, 창조적 사고 등이 여기서 생겨나게 됩니다.

7) 결단하십시오. 이것이 가장 중요합니다. "절대로 포기하지 않을테야, 무슨 일이 있어도 나는 이 길에서 사막의 밤을 지나고 정화의 우물을 지나서 태초부터 예정된 복의 자리, 행복의 자리로 나갈 거야" 하고 말하십시오. 새롭게 결심하며 하나님의 다음 신호등을 기다리는 겁니다. 이렇게 기도하십시오. "앞으로 내 삶에 어떤 어려움과 문제, 고통이 오더라도 도망가지 않겠습니다. 더 풍성한 열매를 맺기 위해 가지를 치는 나무들처럼 나 또한 나의 삶을 하나님이 잘 다듬어 가시도록 맡기겠습니다. 나의

분노와 고통, 실패와 좌절 안에서 더 큰 창조의 빛을 발견하도록 노력하겠습니다."

사랑을 위한 수련

1) 가장 편한 상태로 몸과 마음을 이완시키세요. 내 몸과 영혼 구석구석을 알아차려 보시기 바랍니다. 숨을 크게 내쉬고 들이쉽니다. 팔이나 다리를 움직이고 기지개를 키셔도 좋습니다. 사랑을 온 몸으로 느끼면서 내 몸의 세포 하나하나에게 인사합니다. 몸의 리듬을 느껴보십시오. 심장의 박동소리를 느껴보세요. 둥둥···. 하루에도 지구를 몇 바퀴 돌 정도로 바쁘게 일하는 심장입니다. 내가 태어나서 지금까지 묵묵히 나의 생명을 위해 일하는 심장입니다. 눈에게 인사를 건네주세요. 네가 있기에 나는 세상을 바라볼 수 있단다. 눌리는 곳, 아픈 곳, 눈에 보이지 않는 장기, 등, 발바닥, 손, 손톱 등을 향해서도 감사의 인사를 전해 주세요.

2) 양손을 가슴 높이로 올린 후 손바닥을 마주 보도록 한 상태에서 5센티 정도 벌리고 눈을 살며시 감고 집중하세요. 살아있는 기운들, 에너지들이 느껴질 것입니다. 작은 벌레가 내 손을 기어 다니는 것처럼 간질간질한 느낌이 들것입니다. 우리 몸은 에너지의 통로이자 공동체입니다. 두 팔을 활짝 펴고 기도합니다. 온 우주에 충만한 예수 그리스도의 영이시여, 우리의 몸과 마음을 가득 채우소서.

3) 지금까지 살아오면서 가장 사랑했던 혹은 사랑 받았던 기억을 떠올립니다. 그 사랑의 느낌과 따뜻한 에너지가 우리 몸과 영혼의 구석구석에 퍼지는 것을 느껴봅니다. 이 느낌을 경험하면서 잠시 그대로 있습니다.

4) 일거리나 걱정거리가 떠오르면 '사랑'이라는 단어로 돌아갑니다. 그 단어 속에서 사랑의 경험을 다시 회상합니다. 잔잔한 연못에 돌을 던졌을 때처럼 내 몸에서 사랑의 기운이 밖으로 퍼져 나가는 것을 느끼면서 가까운 사람들의 얼굴을 떠올립니다. 한 사람 한 사람씩 "당신을 사랑합니다. 당신을 진심으로 이해하기를 바랍니다. 당신이 행복하기를 바랍니

다. 우리는 다 잘 됩니다"라고 말하면서 사랑의 마음을 보냅니다.

5) 밝고 자신감이 넘치고 행복한 자신을 상상합니다. 오늘의 일과를 생각해 보면서 오늘 하루 동안 만나게 될 사람들과 일들에게 차례차례 사랑의 마음을 보냅니다. 하나님께 사랑의 마음이 잘 유지되게 해 달라고 기도하고 마칩니다.

초판 발행	2008년 3월 15일
증보개정판 발행	2013년 8월 16일
지은이	김화영
디자인	김태은 · 박연숙
펴낸곳	나다북스
출판등록	2008년 1월 9일 제2008-000002호
주소	서울시 양천구 목2동 520-30 남일빌딩 2층
전화번호	02-2644-5121
팩스	02-353-3985
홈페이지	http://www.nadatodo.net
ISBN	978-89-960779-5-4

* 이 책에 수록된 본문 내용과 그림들은 저작권법에 의해 보호를 받는 저작물이므로 무단전재와 복제를 금합니다.

* 독자의 의견을 기다립니다.